Gerd Wolfgang Sievers

Fleisch selbst trocknen

Leicht gemacht!

Leopold Stocker Verlag
Graz – Stuttgart

Dank an Wolfgang Dorn für die wertvolle Mithilfe bei
der Wurstproduktion für die Fotoarbeiten.

Umschlaggestaltung, Layout und Repro:
DSR Werbeagentur Rypka GmbH, 8143 Dobl/Graz, www.rypka.at
Titelbild: Manuel Zauner, Wien

Bildnachweis:
Die Bilder wurden uns freundlicherweise vom Autor zur Verfügung gestellt.

Bibliografische Information der Deutschen Nationalbibliothek
Die Deutsche Nationalbibliothek verzeichnet diese Publikation in der Deutschen Nati-
onalbibliografie; detaillierte bibliografische Daten sind im Internet unter
http://dnb.d-nb.de abrufbar.

Hinweis: Dieses Buch wurde auf chlorfrei gebleichtem Papier gedruckt. Die zum
Schutz vor Verschmutzung verwendete Einschweißfolie ist aus Polyethylen chlor- und
schwefelfrei hergestellt. Diese umweltfreundliche Folie verhält sich grundwasserneut-
ral, ist voll recyclingfähig und verbrennt in Müllverbrennungsanlagen völlig ungiftig.

Auf Wunsch senden wir Ihnen gerne kostenlos unser Verlagsverzeichnis zu:
Leopold Stocker Verlag GmbH
Hofgasse 5/Postfach 438
A-8011 Graz
Tel.: +43 (0)316/82 16 36
Fax: +43 (0)316/83 56 12
E-Mail: stocker-verlag@stocker-verlag.com
www.stocker-verlag.com
ISBN 978-3-7020-1484-1

Inhalt

Luftgetrocknete Rohwürste

Vorwort

Prosciutto crudo, Coppa, Osso Collo, Biltong, Jerky, Pastirma, Hauswürste oder Gurktaler Luftgeselchter … schier endlos ließe sich die Liste an köstlichen luftgereiften und getrockneten Fleischwaren fortsetzen, die jedem Feinschmecker das sprichwörtliche Wasser im Munde zusammenlaufen lassen. Ursprünglich dafür gedacht, das Fleisch für die karge Jahreszeit zu konservieren, sind diese bäuerlichen Produkte nicht nur die vielleicht traditionellsten Lebensmittel überhaupt, sondern bis heute Zeugnis handwerklichen Könnens, menschlicher Kreativität und geschmacklicher Fantasie.

Früher wurde nur selten geschlachtet und nicht immer stand Wildfleisch in ausreichender Menge zur Verfügung, was die Menschheit dazu veranlasste, sich Klima, Mikroorganismen und spezielle Techniken zunutze zu machen, um das Fleisch zu konservieren. Herausgekommen sind unterschiedlichste Methoden, das Fleisch mittels Lufttrocknung haltbar zu machen – je nach Region wird es anders geschnitten, getrocknet, gewürzt und verarbeitet, was zu einer traumhaften Vielfalt an hervorragenden Produkten geführt hat. Die wichtigsten Methoden und alles, was es dabei zu beachten gibt, werden in diesem Buch vorgestellt.

Das Schöne am Fleischtrocknen ist, dass es gar nicht einmal so kompliziert ist, wie man vielleicht denken mag. Manche Erzeugnisse sind sogar so einfach herzustellen, dass man sie in den eigenen vier Wänden, beispielsweise in der Küche oder Speisekammer, herstellen kann, ohne gefährliche Keimbildung oder Ähnliches fürchten zu müssen. Und das Ergebnis wird wunderbar sein – vor allem auch deshalb, weil es hausgemacht ist und man weiß, was im Produkt enthalten ist.

In diesem Praxisbuch wird bewusst auf allzu viel fachlichen Hintergrund verzichtet (es wird nur so viel erklärt, wie gerade nötig ist, um das jeweilige Produkt zu produzieren), denn dieser Hintergrund ist zumeist nur für professionelle Fleischereibetriebe oder industrielle Produktion wichtig. Dafür wurde ein wesentliches Augenmerk darauf gelegt, dass die Rezepte leicht umsetzbar sind und vor allem auch „zu Hause" hergestellt werden können. Für Direktvermarkter und ambitionierte Hobby-Fleischer wurden auch Spezialitäten, wie luftgetrockneter Schinken, Seitenspeck oder italienische Salumi, nicht außer Acht gelassen.

Es ist weiters zu beachten, dass das Buch nach didaktischen Prinzipien aufgebaut ist. Wer noch niemals Fleisch selbst getrocknet hat, sollte daher zuerst einmal die Einleitung lesen, um zu erfahren, welche Methoden es gibt und worauf zu achten ist. Danach kann er sich von den ganz einfachen luftgetrockneten Spezialitäten, wie Biltong und Jerk, über die etwas aufwendigeren Schinken- und Wurstwaren bis hin zur unbestrittenen Königsklasse des Lufttrocknens, nämlich dem italienischen „Dry-curing"-Verfahren, nach allen Regeln der Kunst „durchwursten".

In diesem Sinne wünsche ich gutes Gelingen bei der eigenen Trockenfleisch-, Rohschinken- und Rohwurstproduktion und einen herzhaften Genuss mit den edlen, selbst gefertigten Köstlichkeiten.

Ihr
Gerd Wolfgang Sievers

Grundlegendes & wichtige Hinweise

An und für sich kann bei den in diesem Buch vorgestellten Rezepten nicht viel schiefgehen, wenn man sich an die jeweiligen Anweisungen hält und vor allem zwei Dinge beachtet:

- Es darf nur Material der besten Qualität verarbeitet werden.
- Es muss penibel sauber gearbeitet werden.

Dennoch kann es nicht schaden, wenn man die folgenden Hinweise beachtet, die dazu beitragen sollen, dass die hausgemachte Fleisch- und Wurstware nicht nur wunderbar schmeckt, sondern auch „sicher" ist.

Das Fleisch vor der Konservierung

Es muss ganz klar zwischen Fleisch aus der eigenen bzw. aus Hausschlachtung und solchem aus Zukauf unterschieden werden – meist ist die Hausschlachtung vorzuziehen, denn man hat hier nicht nur die Rasse, die Fütterung und die Haltung unter Kontrolle, sondern auch Schlachtalter und -gewicht. Das Schlachten ist zudem meist stressfreier.

Nach der Schlachtung muss das Fleisch so schnell wie möglich heruntergekühlt werden – die ideale Umgebungstemperatur beträgt 1 °C. Nach zwei Tagen sollte der Schlachtkörper zerlegt und gepökelt werden, wobei man die Kühlkette möglichst nicht unterbrechen sollte, was heißt, dass in möglichst kühlen Räumen gearbeitet werden muss. Zwischen den einzelnen Arbeitsvorgängen sollte das Fleisch immer wieder gekühlt werden.

Bei zugekauftem Fleisch ist darauf zu achten, dass dies so bald nach der Zerlegung wie möglich abgeholt und verarbeitet wird. Das zerlegte

Fleisch sollte dabei zudem an Haken hängen und möglichst nicht in Wannen liegen (ist der Transport entsprechend kurz, sind die Wannen kein Problem), weil dies eine Vermehrung von Bakterien unnötig begünstigt. Auch hier ist die Kühlkette einzuhalten.

> **ACHTUNG** | **Die richtige Kühlung!**
>
> Da die Kühlung im Sommer besonders schwierig ist, sollte man, wenn keine geeigneten Räumlichkeiten für die Fleischwarenproduktion existieren, die Schinken- und Wurstproduktion auf die kalte Jahreszeit verlegen!

Das richtige Salz und seine Wirkung

Im Grunde unterscheidet man zwischen Kochsalz, Meersalz und Nitritpökelsalz. **Kochsalz** ist einfaches Natriumchlorid und in Form von Steinsalz universell einsetzbar. Hochwertiger, und damit für edle Wurst- und Schinkenwaren besser geeignet, ist allerdings das **Meersalz**, weil es durch verschiedene Spurenelemente, Einschlüsse und „Verunreinigungen" ganz besonders intensiv und wohlschmeckend ist. Gerade bei der Trockenpökelung, die bei den meisten Rezepten in diesem Buch eingesetzt wird, ist das grobe Meersalz geradezu unersetzlich, weil es sich langsamer auflöst und die Salzeinwirkung damit intensiver ist – vor allem bei Prosciutto und anderen italienischen Wurstwaren ist das unbedingt notwendig!

Nitritpökelsalz bewirkt vor allem, dass das Fleisch nicht grau, sondern rötlich aussieht. Es entsteht dadurch, dass man normalem Kochsalz 0,4 bis 0,5 % Natriumnitrit beimischt; die Herstellung darf nur von speziellen Firmen durchgeführt werden. Neben der Umrötung bewirkt der Pökelstoff übrigens auch eine Hemmung bestimmter Mikroorganismen, welche die Reifung der Wurstwaren erschweren würden.

Nitritpökelsalz wird mit den Gewürzen vermischt.

Es können auch unterschiedliche Salze gemischt werden, um bestimmte geschmackliche Effekte herauszuarbeiten – das erfordert allerdings ein wenig Erfahrung.

Unter Salzen und Pökeln versteht man ganz allgemein auch das Haltbarmachen von Fleisch durch die Einwirkung von Salz/Salzen. Konkret bezeichnet „salzen" das Arbeiten mit Koch-/oder Meersalz und mit „pökeln" ist die Verwendung von Nitritpökelsalz gemeint. Aber die Arbeitsvorgänge sind letztlich identisch.

Bei der Fleischkonservierung entzieht das Salz dem Fleisch vor allem Wasser, sodass der Trocknungsprozess schneller vonstattengeht. Gleichzeitig hat das Salz eine konservierende Wirkung auf das Produkt. Außerdem wird durch das Salz auch noch die Bindung von Eiweiß bei der Herstellung von Wurstwaren gefördert.

Nicht zuletzt sorgen sowohl die Salze als auch das Nitritpökelsalz für eine Grundwürze – manche Wurst- oder Schinkenwaren kommen sogar nur mit Salz aus. Es gibt schlicht und einfach kein Fleisch- oder Wurstprodukt, das ohne Salz auskommt, und so gesehen ist es das wichtigste „Gewürz" überhaupt.

Dabei ist es mitunter nicht ganz einfach, die richtige Salzmenge zu bestimmen – zu wenig Salz würde für einen faden Geschmack sorgen und zudem die Haltbarkeit gefährden, ein Zuviel macht das Produkt salzscharf. Die in den Rezepten angegebenen Mengen sind Durchschnittswerte, man kann nach persönlichem Geschmack variieren, sollte aber angegebene Grenzwerte weder über- noch unterschreiten.

Gewürze

Durch die Zugabe unterschiedlichster Gewürze kann man dem jeweiligen Produkt seine ganz persönliche Note verleihen. Wenn man genügend Erfahrung hat, dann kann man seine eigenen Mischungen herstellen, ansonsten gibt es auch ganz ordentliche Fertigmischungen im Handel.

Grundsätzlich ist die Produktion mancher Schinken- und Wurstwaren auch ohne Gewürze möglich und mitunter sogar erwünscht – aber bei Biltong und Jerk sind sämtliche Gewürze nicht ersetzbar.

Wie beim Fleisch sollte auch beim Einkauf der Gewürze auf höchste Qualität geachtet werden. Am besten ist es, sie bei einem Lieferanten, der auch die Profis beliefert, zu beziehen – ich bevorzuge übrigens die Gewürze von WIBERG.

Neben den klassischen Fleischgewürzen können Knoblauch, Chili und alle Kräuter verwendet werden. Für manch ein Trockenfleisch – wie z. B. Biltong und Jerk – bieten sich auch Würzsaucen, wie Tabasco, Worcestersauce, Sojasauce, Fischsauce, alle möglichen Essige, Zitrussaft, Wein,

Verschiedene Gewürze in luftgeschützter Verpackung

Verschiedene Gewürze (Lorbeerblätter, Wacholderbeeren, Knoblauch, Koriander, Kümmel) verleihen den Räucherprodukten ihren einzigartigen Geschmack.

Kaffee und andere mehr, an. Eines ist aber dennoch zu beachten: Muskatnuss und Macis sind für die Schinkenproduktion ungeeignet, denn sie würden das Produkt „bitter" schmecken lassen; Wacholderbeeren und Lorbeerblatt sind hingegen ungünstig für die Wurstherstellung.

> **ACHTUNG** | **Die Menge macht's!**
>
> Bei der Würzung gilt der Grundsatz „weniger ist oft mehr", denn ein Zuviel an Gewürzen würde den natürlichen Fleischgeschmack vollkommen übertünchen.

> **HINWEIS** | **Aromatisieren von Fleisch**
>
> Auch fast alle alkoholischen Getränke (vor allem Schnäpse und Weine) bieten sich für das Aromatisieren von Fleisch- und Wurstwaren an.

Hilfs- und Zusatzstoffe
Umrötemittel
Das Nitritpökelsalz wurde bereits erwähnt und ausgiebig genug besprochen. Neben dem Nitritpökelsalz bietet sich aber auch Ascorbinsäure (Vitamin C) als Rötemittel an, was den Vorteil hat, dass man mithilfe des Ascorbins die zu verwendende Menge an Nitritpökelsalz verringern kann.

Salpeter
Auch Salpeter hat, wie Nitritpökelsalz, eine umrötende Wirkung bei der Schinkenherstellung, zudem ist er keimabtötend und daher bei vielen luftgetrockneten Schinken sehr beliebt. Er ist jedoch etwas schwierig zu handhaben und deshalb, vor allem seit Nitritpökelsalze eingesetzt

werden, ziemlich bedeutungslos geworden; er wird nur mehr für einige regionale Spezialitäten verwendet.

Bei der Salpeterpökelung geht der Umröteprozess langsamer vor sich als beim Nitritpökelsalz – warum das so ist, wird bei den Wurstwaren beschrieben, wo dies von Bedeutung ist. Diesen Effekt macht man sich bei einigen Spezialitäten zunutze.

Salpeter wird fast immer in Verbindung mit Kochsalz (und nicht mit Meersalz) verwendet und zudem nur in geringen Mengen von etwa 0,25 g/kg Fleisch.

Zudem braucht Salpeter eine gewisse Unterstützung, um zu wirken, wobei sich hierbei der Einsatz von Kohlenhydraten (Rohrzucker, Dextrose etc.) bewährt hat – diese Kohlenhydrate sind allerdings sehr sorgfältig zu dosieren, denn der Effekt kann auch nach hinten umschlagen und das Produkt „sauer" werden lassen (im Kapitel der luftgetrockneten Wurstwaren wird genauer darauf eingegangen).

ACHTUNG | Richtiger Umgang mit Salpeter

Wer keine Erfahrung mit dem Umgang von Salpeter hat, der sollte vorsichtig sein, denn zu viel Salpeter ist gesundheitsschädlich! Mit Nitritpökelsalz ist man immer auf der sicheren Seite.

Starterkulturen

Oftmals ist es leider so, dass viele Fleischteile bereits mit schädlichen Bakterien befallen sind, bevor das Fleisch in die Produktion geht. Die für die Reife tatsächlich benötigten nützlichen Bakterien und Mikroorganismen sind dann nur mehr in der Minderheit.

Deshalb hat man bestimmte nützliche Bakterienstämme gezüchtet, die für die Wurstproduktion in gefriergetrockneter und gefrorener Form zur Verfügung stehen (zu beziehen im Fachhandel).

Die Anwendung solcher Starterkulturen ist sehr einfach und sorgt für eine gewisse Produktsicherheit, weil die guten Mikroorganismen gefördert werden und die Fleischreife begünstigen.

Starterkulturen sind im Hobbybereich nicht wirklich notwendig (bei manchen Rezepten zwar dennoch sinnvoll, aber nicht unbedingt erforderlich) – für Direktvermarkter oder Hobbyproduzenten, die größere Mengen produzieren, jedoch sehr wohl!

ACHTUNG | Einwandfreies Fleisch verwenden

Auch wenn Starterkulturen helfen, das Endprodukt sicher zu machen, so ist dennoch das Hauptaugenmerk auf einwandfreies Rohmaterial zu richten!

Zucker

Zucker hat bei der Schinkenproduktion – abgesehen von einigen regionalen Besonderheiten – keine große Bedeutung. Bei der Wurstproduktion spielt er hingegen schon eine Rolle. Durch die Zugabe von Zucker wird dem Salz eine gewisse „Schärfe" genommen, wodurch das fertige Produkt milder schmeckt. Zusätzlich wird dem Fleisch auch durch Zucker Wasser entzogen, wodurch der Reifeprozess begünstigt wird. Und schließlich unterstützt auch der Zucker den Umrötungsprozess und sorgt für eine appetitliche rötliche Farbe des Produkts.

Rohrzucker und/oder Dextrose sind unbedingt zuzugeben, wenn mit Salpeter gearbeitet wird – egal ob bei Schinken- oder Wurstwaren. Im Kapitel „Luftgetrocknete Wurstwaren" wird beschrieben, warum!

Essig/Zitronensaft/Schnaps

Gerade für Biltong und Jerk hat der Essig eine elementare Bedeutung, denn er sorgt einerseits zusammen mit dem Salz für die Konservierung des Fleisches, andererseits aber auch für den ganz typischen leicht säuerlichen Geschmack dieser Wurstwaren. Statt Essig können auch verschiedene Zitrussäfte eingesetzt werden – alternativ bieten sich auch Schnäpse, wie Grappa, Whiskey & Co, an.

Das Pökeln

Das Einsalzen und/oder Pökeln des Fleisches ist die Basis zur Schinkenherstellung. Wir haben uns hier im Buch auf die sogenannte Trockenpökelung und auf die Trocken-Nass-Pökelung festgelegt, weil diese beiden Verfahren für die meisten Schinken die besten und schonendsten sind und vor allem die Trocken-Nass-Pökelung für die Hobbyherstellung und die Hausschlachtung am geeignetsten ist.

Trockenpökelung

Bei der Trockenpökelung wird – im Gegensatz zur Nasspökelung – keine Lake angesetzt, sondern das Fleisch mit Salz bestreut. Mit der Zeit löst sich das Salz auf, entzieht dem Fleisch Wasser und das Fleisch pökelt quasi in einer Eigenlake. Insbesondere für Rohschinken ist das eine wunderbare Sache.

Vor der Pökelung wird das Fleisch abgewogen und sorgfältig mit der vorgesehenen Menge an Salz eingerieben. Danach wird das Fleisch möglichst dicht an dicht in Plastik- oder Holzwannen geschichtet. Wer mag, kann Gewürze, wie Wacholder, Koriander, Senfsaat, Zwiebel, Knoblauch, Pfeffer usw., hinzugeben, so wird das Fleisch zugleich aromatisiert. Am Ende wird ein Deckel aufgelegt und das Fleisch mäßig beschwert – der

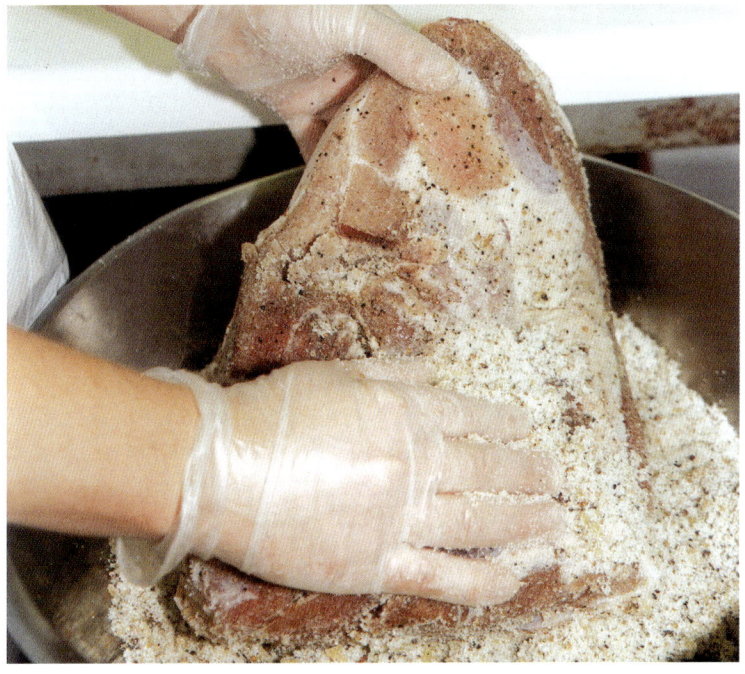

Trockenpökelung: Ein Schinkenstück wird mit grobem Pökelsalz und mit Gewürzen eingerieben.

Behälter mit dem Fleisch sollte aber keinesfalls luftdicht abgeschlossen sein.

ACHTUNG | **Die Schwarte nach unten!**

Schweinefleisch mit Schwarte immer zuerst mit der Schwarte nach unten einlegen!

Die Pökeldauer richtet sich natürlich nach der Größe der Fleischteile, doch es gibt Faustformeln: Weiche Teile, wie Schweinebauch, brauchen ca. 14 Tage, dickere Teile, wie Schultern, drei Wochen und ganze Keulen bis zu fünf Wochen.

Damit die Pökelung gleichmäßig vollzogen wird, muss das Fleisch alle drei bis fünf Tage umgestapelt werden, wobei die oberen Fleischteile nach unten kommen und umgekehrt.

ACHTUNG | **Die optimale Pökeltemperatur**

Auch die Temperatur spielt hier eine Rolle, denn je kälter die Umgebung ist, desto langsamer geht der Pökelvorgang vonstatten – die optimale Temperatur für den Pökelraum beträgt 5 °C.

Trocken-Nass-Pökelung

Bei der sogenannten Trocken-Nass-Pökelung erfolgt zunächst die Pökelung in Eigenlake, wobei das Fleisch wie bei der Trockenpökelung mit der notwendigen Menge an Salz eingerieben und anschließend beschwert wird. Nach einigen Tagen bildet sich dann auch bei kleineren Mengen eine Eigenlake, die aber oft nicht ausreichen wird, um das Fleisch vollends zu bedecken. Um ein Austrocknen und Grauwerden des Produkts zu verhindern, wird dann mit einer schwachen Salzlake (etwa 9 Grad = entspricht 99 g Salz pro Liter Wasser, kann auch etwas mehr sein – für 10 Grad muss man 111 g Salz/Liter Wasser zugeben) aufgefüllt, bis alle Fleischteile bedeckt sind. Auch hier werden die Fleischteile immer wieder umgeschichtet.

Das Verfahren eignet sich vor allem für kleinere Mengen, wenn z. B. so wenig Fleisch verarbeitet wird, dass die Behälter nicht gut gefüllt sind – da die Eigenlake in diesem Fall die Zwischenräume nicht ausreichend ausfüllt, wird mit der zusätzlicher Lake aufgefüllt.

Marinieren

Für einige spezielle Rezepturen – wie Biltong und Jerk – wird das Fleisch nicht gepökelt, sondern vor dem Trocknen in einer konservierenden und geschmacksgebenden Marinade eingelegt. Diese sollte in jedem Fall neben Salz auch eine Säure enthalten.

> **ACHTUNG** | **Marinade nicht wiederverwenden!**
>
> Weder Pökellaken noch Marinaden dürfen aufgrund der Keimgefahr ein zweites Mal verwendet werden – sobald man das Fleisch entnommen hat, müssen Pökellaken sowie Marinaden entsorgt werden!

Unterschiedliche Arten des Trocknens

Um das Fleisch nach dem Pökeln bzw. Marinieren zu trocknen (dehydrieren), bieten sich verschiedene Methoden an. Welche die jeweils geeignetste ist, richtet sich einerseits nach dem Rezept, andererseits nach den klimatischen Bedingungen und nicht zuletzt natürlich auch nach dem eigenen Geschmack und den eigenen Vorlieben. Wir stellen im Buch die wichtigsten Methoden vor, die im Folgenden kurz beschrieben werden.

Trocknen an der Luft

Das Lufttrocknen ist die „Urform" des Trocknens schlechthin, denn früher ließ man das Fleisch einfach bei warmem Wetter an der Luft oder in der Sonne trocknen. Das Verfahren ist recht schonend, aber auch langwierig,

und zudem können sich Probleme mit der Hygiene (Ungeziefer etc.) und mit dem Klima ergeben, denn bei feuchtem Wetter kann das Fleisch leicht schimmeln. Eine puristische Form, aber nicht sehr sicher!

Wenn man das Trockenreifen – „dry curing", wie die Amerikaner sagen – allerding beherrscht, dann kann man mit diesem Verfahren einige der edelsten und besten und auch berühmtesten Schinken- und Wurstwaren der Welt erzeugen – man denke beispielsweise nur an italienischen Prosciutto, an Serrano und Bellota oder auch an luftgetrocknete Salumi, wie Coppa, Osso Collo u. a., die einem das Wasser im Munde zusammenlaufen lassen.

HINWEIS | **Übung macht den Meister**

Da dieses Verfahren besonders viel Erfahrung im Umgang mit dem Fleisch erfordert, haben wir das diesbezügliche Kapitel ans Ende des Buches gestellt – wie im Vorwort bereits erwähnt, ist das Buch didaktisch aufgebaut. Wenn man die zuvor beschriebenen Trockenfleisch-Produkte beherrscht, dann kann man sich an die Königsklasse der italienischen Salumi wagen!

Trocknen über einem Lagerfeuer

Eine Methode der nordamerikanischen Ureinwohner, die dafür sorgt, dass das Fleisch erstens sicher vor Ungeziefer ist und zweitens einen guten Rauchgeschmack bekommt. Auch dieses Verfahren ist aufwendig und zeitraubend.

Wir nehmen hier als Alternative – wenn das Rezept Rauchgeschmack erfordert – entweder Liquid Smoke oder wir trocknen das Fleisch im Smoker, der mittels Temperatur-Regler sicherer zu handhaben ist und ein wesentlich genaueres Arbeiten ermöglicht.

Trocknen in der Biltong-Box

Eine billige, sehr energiesparende und schonende Methode der Trocknung ist die sogenannte Biltong-Box bzw. auch der Biltong-Maker. Im Grunde ist das eine sehr ursprüngliche Art der Lufttrocknung, denn als Heizquelle dient lediglich eine 60-Watt-Glühlampe. Ein kleiner Ventilator sorgt zudem für leichte Umluft. Das Trocknen dauert relativ lange: rund ein bis drei Wochen.

Da die Biltong-Box ursprünglich nur der Abwehr von Ungeziefer diente, ist sie relativ leicht selbst zu bauen – Anleitungen dazu findet man zur Genüge im Internet. Aber viel hygienischer als die selbst gebastelten Sperrholz-Kisten ist der Biltong-Maker, eine Art Glasvitrine (sieht ein wenig wie die Vitrinen für Dry-Aging aus). Diese Glaskästen garantieren ein perfektes Ergebnis und sind zudem leicht zu reinigen.

Eine Biltong-Box in der Art einer Glasvitrine ist hygienischer und leichter zu reinigen als eine aus Holz.

Trocknen im Dörrgerät

In der Praxis – vor allem im Hausgebrauch – haben sich Dörrgeräte (Dehydrator) sehr gut bewährt. Hier wird mittels einer Heizeinheit das Dörrgut in warmer Luft langsam und schonend getrocknet. Dies ist eine sehr einfache und sichere, gleichzeitig auch sehr schnelle Methode der Trocknung, mit der auch unerfahrene Hobby-Fleischtrockner ein gutes Ergebnis erzielen.

Trocknen im Backofen

Grundsätzlich eignet sich auch ein Backofen mit Umluftfunktion zum Trocknen des Fleisches. Die Temperatur sollte je nach Rezept zwischen 40 und 60 °C liegen – je tiefer, desto besser. Bei manchen Rezepten wird das Fleisch zuvor im Ofen gegart und erst anschließend getrocknet.

Man kann das Fleisch auf dem Backblech trocknen, über die Gitterstäbe des Grillrosts hängen oder sich auch einen speziellen „Hanger" anschaffen, auf dem man das Fleisch aufhängen und anschließend im Ofen trocknen kann. Wichtig ist nur zu beachten, dass man die Backofentür einen Spalt offen lässt, damit die Feuchtigkeit entweichen kann. Der Trockenvorgang kann – je nach Rezept – bis zu 12 Stunden und mehr in Anspruch nehmen. Das Problem bei diesem Verfahren ist das Aufrechterhalten der richtigen Temperatur, gerade im unteren Bereich – eine ständige Kontrolle ist daher unbedingt notwendig!

> **ACHTUNG** | **Abtropfpfannen verwenden!**
>
> Unter das Fleisch unbedingt eine Abtropfpfanne geben und/oder den Boden des Ofens mit Alufolie auslegen, weil das Fleisch tropfen wird und die anschließende Reinigung nicht einfach ist!

Trocknen durch Kalträuchern

Dieses Verfahren ist demjenigen im Smoker sehr ähnlich und führt auch zu ähnlichen Ergebnissen. Für viele Amerikaner gilt das Trocknen von Fleisch im Smoker oder Kalträucherofen als das Nonplusultra. Das Verfahren ist aber extrem aufwendig und nur etwas für Leute, die den Umgang mit Smoker oder Räucherofen beherrschen, denn man darf das zu trocknende Fleisch keinesfalls heiß räuchern. Idealerweise nimmt man für das Kalträuchern von Jerky & Co ein Hickory-Räuchermehl, weil dieses den typischen Geschmack erzeugt, den die Amerikaner bei Jerky lieben.

Wer sich mit diesem Verfahren auseinandersetzen will, dem sei weiterführende Lektüre zu den Themen „Umgang mit dem Smoker" bzw. „Räuchern" (z. B. aus der Praxis-Buchreihe des Stocker-Verlags) ans Herz gelegt.

Fleischstücke zum Trocknen im Räucherschrank aufhängen.

> **HINWEIS** | **Geschmacksverfeinerung durch Räuchern**
>
> Das Kalträuchern dient aber nicht nur dem Trockenvorgang, sondern kann für viele Schinken- und Wurstwaren zur Geschmacksverfeinerung verwendet werden – aber Vorsicht: Erst die fertig gereiften Wurst- und Schinkenwaren dem Rauch aussetzen (der Räuchervorgang erfolgt genau zwischen der Reifezeit und dem anschließenden Abhängen)!

Trocknen im Kühlschrank

Hier noch eine typisch amerikanische Methode, auf die wir aber im Buch nicht näher eingehen werden. Man kann nämlich auch einen alten Kühlschrank zu einer Art Biltong-Box umfunktionieren: Ein alter, funktionsfähiger Kühlschrank wird ausgeschlachtet, sorgfältig gereinigt und desinfiziert, dann innen mit Stangen versehen, an denen man die Fleischstreifen aufhängen kann. Im Innenraum wird zusätzlich ein kleiner, einfacher Ventilator installiert. Bei ganz leicht geöffneter Türe wird das Fleisch nun relativ schonend und ohne jegliche Gefahr von Keimbildung getrocknet.

Lagerung und Verpackung

Getrocknetes Fleisch stellt keine allzu hohen Ansprüche an die Lagerung. Biltong kann man einfach irgendwo hängen lassen (es wird nur steinhart), Jerk bewahrt man am besten in Zipper-Beuteln auf oder man vakuumiert es, Schinken und Wurstwaren belässt man in einem dafür vorgesehenen kühlen Abhängeraum und italienische Salumi hängen am liebsten in trockener, nicht zu warmer Umgebung.

Jerky – der ewige Klassiker

Neben den verschiedenen Rohschinken und -wurstwaren ist Jerky in allen seinen Spielarten und Facetten sicher der Klassiker, welcher sich bis in die heutige Zeit herüberretten konnte. Bei ihm handelt es sich um würzig mariniertes und anschließend getrocknetes Fleisch, wobei die Unterschiede in der Zusammenstellung der geschmacksgebenden Marinade und in der Art und Weise der Trocknung zu finden sind.

Jerky wird meist aus Rindfleisch oder Bison hergestellt, es gibt aber auch Varianten mit Schwein, Wild, Truthahn und sogar Huhn, das ja bekanntlich nur sehr selten für Trockenfleisch hergenommen wird. Bis heute ist Jerky weltweit so beliebt, dass es in großem Stil industriell hergestellt wird, was allerdings einerseits den Nachteil von vielen Konservierungsmitteln, Stabilisatoren und anderen Lebensmittelzusatzstoffen hat, andererseits aber auch den, dass es einem Einheitsgeschmack gerecht wird, ohne jede persönliche und individuelle Note. Dabei bezieht gerade das Jerky seinen Reiz aus den vielfältigen Marinaden, die zum Einsatz kommen können. Getrocknet wird Jerky entweder an der frischen Luft (wenn die klimatischen Parameter passen, ist das nach wie vor die beste Methode), im Dörrautomat (die sicherste Methode) oder auch im Backofen. In Amerika ist es mitunter sogar üblich, einen alten amerikanischen Kühlschrank zum Trocknen von Fleisch umzufunktionieren – sicher eine romantische Sache, aus lebensmittelhygienischer Sichtweise ist davon aber abzuraten.

Welche Marinade und welche Trockenmethode Sie auch bevorzugen, es funktionieren alle. Ich bin der Ansicht, dass man größere Mengen in einer speziellen Reifekammer trocknen sollte oder – wenn es die klimatischen

Fertiges Jerky vom Rind

Bedingungen zulassen – auch an der frischen Luft. Die Erfahrung hat gezeigt, dass Jerky am einfachsten im Dörrautomaten herzustellen ist, aber auch der Backofen kann gute Dienste leisten.

Erfahrung braucht man bei der Jerky-Methode nicht, die Rezepturen sind wahrlich einfach und die Zubereitung vollkommen problemlos, wenn man sich an die angegebenen Arbeitsschritte hält sowie sauber und hygienisch arbeitet – was sowieso immer der Fall sein sollte.

> **ACHTUNG** | **Faustformel!**
>
> Da das Fleisch zu einem Großteil aus Wasser besteht, das folglich beim Trockenvorgang entzogen wird, kann man davon ausgehen, dass man aus 1 kg Roheinwaage etwa 300–400 g fertiges Jerky gewinnen kann.

Küchengeräte

Im Gegensatz zu anderen Fleischerzeugnissen sind bei der Herstellung von Jerky – je nach Rezept – auch Küchengeräte notwendig. Neben scharfen Messern, die es bekanntlich immer braucht, empfehlen sich vor allem ein guter Fleischwolf (z. B. für „Modern Ground beef"), eine Schneidemaschine (für das Aufschneiden gleichmäßiger Fleischscheiben), eine Küchenwaage (zum Abwiegen des Fleischgewichts – z. B. wenn man mit fertigen Gewürzmischungen arbeiten will) sowie ein Vakuumiergerät, denn das fertige Jerky ist darin länger haltbar. Wer mit einem Backofen als „Dörrgerät" arbeiten will, sollte sich einen sogenannten Hanger aus

Richtiges Werkzeug erleichtert die Arbeit ungemein.

Ein Fleischwolf aus Gusseisen reicht für den Hausgebrauch. Auch hier immer einen Wolfstopfer verwenden!

Edelstahl anschaffen (z. B. LEM Jerky Hanger), mit dem lässt sich das Jerky auch wunderbar leicht im Ofen herstellen.

Ansonsten braucht man nur das Übliche: eine saubere, möglichst desinfizierte Arbeitsplatte (am besten aus Marmor, aber auch Edelstahl, Kunststoff oder Holz), Küchentücher, Küchenrolle, Frischhaltefolie, Plastikbehälter zum Anrühren der Marinade sowie zum Marinieren, Rührgeräte (Löffel, Schneebesen, Stabmixer) und eventuell Gummihandschuhe.

Wer ganz perfekt arbeiten will und ein besonders aromatisches Ergebnis wünscht, der sollte sich weiter die Anschaffung einer Gewürzmühle aus Holz überlegen, denn das Aroma von frisch gemahlenen Gewürzkörnern ist insbesondere bei Pfeffer, Koriander, Wacholder & Co nicht zu übertreffen.

SLICED MUSCLE MEAT JERKY
(Klassisches Jerky aus Muskelfleisch)

Dieses ist die wohl einfachste und traditionellste Methode, Jerky herzustellen und soll daher als ausführliches Grundrezept dienen (weitere Jerky-Varianten im Anschluss). Man verwendet ausschließlich Muskelfleisch von großgewachsenen Tieren, wie Rind, Schwein, Schaf, Ziege, Wildschwein, Hirsch, Reh, (Wilder) Truthahn (Brust!) usw., – es geht mit fast jeglichem Fleisch (zu beachten ist nur, dass bei manchen Wildsorten, wie z. B. Bär, das Fleisch vor der Marinade abgekocht werden sollte, um möglichen Trichinen- oder Keimbefall zu verhindern – dies wird in unseren Breiten freilich nur eher sehr selten der Fall sein). Übrigens: Auch Ente, Gans & Co können problemlos getrocknet werden.

Also, sämtliches Muskelfleisch, das sich in Scheiben schneiden lässt, kann zu Trockenfleisch verarbeitet werden.

Schritt 1 – Das Parieren und Schneiden

Am besten eignen sich Fleischteile von Rücken, Keulen sowie Schulterstücke, man kann aber auch andere Fleischteile (Rippen etc.) verwenden, doch diese werden nicht so leicht zu verarbeiten sein und eignen sich eher für „Modern Ground Jerky" (siehe weiter unten). Die Fleischstücke sollten jedenfalls einen möglichst geringen Fettgehalt aufweisen.

Von den ausgewählten Fleischstücken zunächst alles restliche anhaftende Fett, alle Sehnen und optischen Unreinheiten entfernen, danach das Fleisch quer zur Faser (das ist wichtig, sonst lässt es sich später kaum beißen) in Streifen von 3–4 cm Breite schneiden – die Scheiben sollten dabei möglichst den gleichen Durchmesser haben und nicht zu dick sein; denn die Dicke bestimmt die Trockendauer.

Wie dick man schneidet, ist Geschmacksache – manche sagen, je dünner, desto besser. Ich finde eine Dicke von 0,3 cm ideal, aber wer mag, darf gerne auch „dünner" schneiden – wichtig ist nur die möglichst gleichmäßige Dicke der Scheiben (die Breite und die Länge sind nicht von Bedeutung, aber es schadet nicht, wenn die Fleischteile ziemlich gleichmäßig sind). In Amerika gibt es übrigens drei Standard-Dicken: 1/8 inch (0,3 cm), ¼ inch (0,6 cm) und 3/8 inch (0,9 cm). Letztlich ist die Dicke der Fleischscheiben auch Geschmacksache, denn dickere Scheiben brauchen zwar länger, um abzutrocknen, dafür werden sie nicht ganz so zäh und trocken wie sehr dünne Scheiben.

Fleisch mit möglichst geringem Fettgehalt quer zur Faser ...

... in Streifen von 3–4 cm Breite schneiden und zum Pökeln ...

... oder Marinieren in ein flaches Gefäß geben.

In Ermangelung einer Aufschnittmaschine sollte man das Fleisch vor dem Aufschneiden einige Stunden in den Tiefkühler legen – sehr gut durchgekühlt lässt es sich auch mit einem scharfen Messer gut und dünn aufschneiden.

> **ACHTUNG** | **Kühlung**
>
> Das aufgeschnittene Fleisch unverzüglich in große Plastik-Container oder Frischhaltesäcke füllen und bis zur weiteren Verarbeitung im Kühlschrank aufbewahren!

Schritt 2 - Die Marinade

Eines vorweg: Öle und Fette sind für die Marinade von Jerky ungeeignet, weil das spätere Trockenfleisch dadurch schnell ranzig werden würde.

Ansonsten sind alle Marianden möglich und der Vielfalt und Fantasie kaum Grenzen gesetzt – Jerky-Marinaden sind das Salz in der Suppe, denn sie sorgen für den eigentlichen Geschmack! Man kann Fertigmischungen verwenden, doch das ist unsportlich (und ist auch wenig sinnvoll, denn der eigentliche Zweck, Jerky selbst herzustellen, ist ja letztlich der, dem eigenen Gusto Genüge zu tun).

Die Grundbestandteile sind fast immer Säure (in Form von Essig, Wein, Zitronensaft etc.) und Gewürze aller Art.

Für Fertigmischungen ist es meist notwendig, das Fleisch zuvor abzuwiegen, damit das Verhältnis stimmt. Bei hausgemachten Marinaden ist es nur wichtig zu beachten, dass man genügend Marinade herstellt, denn das Fleisch muss vollkommen damit überzogen werden können.

Man kann auch beim Jerky zwischen der eingangs besprochenen Trockenpökelung („Dry-Rub" genannt) und dem Nasspökeln wählen, doch es hat sich für Jerky herausgestellt, dass es mit flüssigen Marinaden leichter herzustellen ist. Jedenfalls muss man dem Fleisch genügend Zeit geben, damit es die Marinade aufnehmen kann – zu lange kann es nicht in der Marinade liegen, denn irgendwann ist das Fleisch durchzogen und kann nicht mehr Marinade aufnehmen. Optimal ist eine Dauer von 12 Stunden bis zu zwei Tagen (länger ist nicht sinnvoll).

Variante 1 – „Dry-Rub" (Trockenpökeln)

Trockenpökelung eignet sich besonders gut für Jerky aus dem Backofen – sozusagen also für die „schnelle" Tour. Hier ein einfaches Rezeptbeispiel, das gut geeignet ist, um erste Erfahrungen zu sammeln – weil auch wenige Zutaten vonnöten sind, ist es zudem recht preiswert. Dennoch ist der Geschmack wirklich gut und intensiv.

Zubereitung

Man braucht lediglich **500 g dünn aufgeschnittenes Rindfleisch** (0,3 mm sind ideal), **Liquid Smoke** und **Salz**.

Das aufgeschnittene Fleisch beidseitig dünn mit Liquid Smoke einreiben und anschließend gut salzen. Danach das Fleisch in einen verschließbaren Behälter geben und über Nacht im Kühlschrank durchziehen lassen. Am nächsten Tag das Fleisch aus der entstandenen Marinade heben und mit Küchenpapier trocken tupfen.

Den Boden des auf 80–85 °C vorgeheizten Backofens mit Aluminiumfolie auslegen oder eine Abtropfpfanne einlegen. Den Grillrost mit etwas Öl einpinseln und die Fleischlappen so darüberhängen, dass sie nicht aneinanderstoßen. Den Gitterrost mit dem Fleisch so hineinhängen, dass das Fleisch frei schwingen kann. Sobald die Flüssigkeit austritt (das wird nach 1–1,5 Stunden der Fall sein) und das Fleisch zu tropfen beginnt, die Temperatur auf ca. 55 °C reduzieren und das Fleisch bei leicht geöffneter Tür (Holzlöffel einklemmen) trocknen. Es wird in vier bis sechs Stunden

Salz mit Gewürzen für Trocken-pökeln vermischen

Fleisch mit der Salzmischung bestreuen

*Fleisch nach dem Trocken-
pökeln abwischen*

*Die Trocknung erfolgt gleich wie
beim marinierten Fleisch.*

fertig sein, nach vier Stunden sollte man immer wieder mal probieren, ob sich das Fleisch bereits vollkommen trocken anfühlt. Das fertige Jerky aus dem Ofen nehmen, auskühlen lassen und entweder vakuumieren oder in eine Plastikbox geben und im Kühlschrank aufbewahren.

Variante 2 – „Wet-Rub" (Nasspökeln)

In den meisten Fällen wird Salz als Konservierungsmittel empfohlen, doch noch einfacher geht es mit Sojasauce, die den Vorteil bietet, dass das darin enthaltene Salz bereits aufgelöst ist – zusätzlich aromatisiert wird die Sojasauce mit Knoblauch- und Zwiebelpulver (man kann auch Vegeta „Knoblauch-Zwiebel" verwenden).

Dies ist ein gutes Rezept zum Üben mit dem Dehydrator bzw. Trockenautomaten, allerdings ist hier schon zu beachten, dass die Fleischstücke ziemlich gleich groß sind, damit sie auch gleichmäßig trocknen.

ACHTUNG | Richtig marinieren

Beim Marinieren ist immer zu beachten, dass das Fleisch ständig von der Marinade umspült wird, weshalb es sich empfiehlt, den Beutel mit dem marinierten Fleisch immer wieder einmal durchzukneten oder Fleisch in der Plastikbox umzuschichten.

Zutaten
1 kg Rindfleisch, dünn aufgeschnitten
225-250 ml Sojasauce
1,5 EL Knoblauchpulver
1 EL Zwiebelpulver
1 EL Tabasco (vorzugsweise „Chipotle" wegen dem Raucharoma)
etwas Wasser nach Bedarf

Zubereitung
Alle Zutaten für die Marinade vermischen und das Fleisch zusammen mit der Marinade in eine Plastik-Box geben – darauf achten, dass alle Fleischstücke gut umspült sind. 12–24 Stunden im Kühlschrank marinieren, ab und an die Fleischstücke wenden.

Das marinierte Fleisch ist nach dem Trocknen sehr dunkel.

Die fertig marinierten Fleischstücke aus der Marinade heben, gut abtropfen lassen und auf Küchenkrepp abtrocknen. Dann das Fleisch so in einen Trockenautomaten schichten, dass alle Fleischscheiben frei liegen und sich nicht überlappen. Bei mittlerer Hitze (zu große Hitze würde das Fleisch zäh werden lassen – die Bedienungsanleitung des jeweiligen Gerätes zu lesen, hat sich bewährt!) trocknen, dabei alle zwei Stunden das Fleisch einmal wenden, damit es gleichmäßig trocknen kann (das ist nur bei Plastikschalen notwendig – bei Gitterrosten nicht, da die Luft ohnedies zirkulieren kann). Das Fleisch wird rund sechs bis acht Stunden brauchen, ein Test nach fünf Stunden ist empfehlenswert: Jerky ist fertig, sobald man mit den Fingern beim Draufdrücken keine weichen Stellen mehr fühlt, es darf aber auch beim Biegen nicht brechen, dann ist es zu trocken!

HINWEIS | **Kreativität ist gefragt!**

Eine Auswahl von bewährten Marinaden finden Sie im Anschluss bei den anderen Jerk-Rezepten – aber es macht sehr viel mehr Spaß, eigene Marinaden zu entwickeln!

Marinade anrühren ...

... und diese über das Fleisch gießen.

Fleisch mit der Marinade vermischen und kühl stellen.

Das marinierte Fleisch trocken tupfen ...

... und in den Dehydrator legen, wobei ...

... sich die Fleischstücke nicht überlappen dürfen.

Schritt 3 – Das Trocknen

Es sind oben bereits zwei Trockentechniken vorgestellt worden, nämlich die im Backofen sowie jene im Dörr-/Trockenautomat (nähere Informationen zu Vor- und Nachteilen finden Sie in der Einleitung).

Daneben kann man das Jerky – sofern es die klimatischen Bedingungen zulassen – auch an der frischen Luft trocknen oder in einer sogenannten Biltong-Box (siehe dort). In Amerika trocknet man Jerky gelegentlich auch im BBQ-Smoker oder Räucherofen, wobei man auch hier das Fleisch zunächst – wie bei der Backofentechnik – bei 85–90 °C 1–1,5 Stunden mit Rauch gart (also mehr oder weniger „heißräuchert") und anschließend bei geringer Temperatur (ca. 50 °C) vollends abtrocknen lässt – allerdings wird bei dieser Technologie nur drei Stunden lang Rauch zugegeben, denn zu viel Rauch würde das Ergebnis bitter werden lassen.

> **ACHTUNG** | **Fleisch nicht zu stark austrocknen!**
>
> Jerky sollte sich zwar trocken anfühlen, aber auch möglichst nicht „übergart" werden, weil man es sonst kaum mehr kauen kann – daher während des Trockenvorgangs immer wieder einmal den Status quo überprüfen!

Schritt 4 – Das Lagern

Jerky kann wie jedes getrocknete Fleisch einfach kühl und trocken aufbewahrt werden (z. B. in einem großen Glas mit Deckel) – es stellt hinsichtlich der Lagerung wie jedes andere Trockenfleisch auch keine besonderen Ansprüche. Wer jedoch ganz sicher gehen will, füllt es portionsweise in Vakuum-Beutel ab.

Es genügt aber auch, die getrockneten Fleischstücke einfach in Zipper-Beutel abzufüllen – so halten sie problemlos drei bis sechs Monate.

Zu beachten ist nur eines: Die Fleischstücke sollten nach dem Trockenvorgang etwa 15 Minuten an der Luft rasten und auskühlen können, bevor man sie abfüllt – das verbessert das Ergebnis deutlich.

> **ACHTUNG** | **Reifezeiten einhalten!**
>
> Jerky ist zwar grundsätzlich gleich nach dem Trocknen verzehrbar, doch sein volles Aroma entfaltet es erst nach rund vier Wochen Lagerung, die man ihm aus geschmacklicher Sicht auch gönnen sollte.

BEEF JERKY WITH SOY AND WORCESTERSHIRE-SAUCE
(Rindfleisch-Jerky mit Soja- und Worcestershire-Sauce)

Hier nun ein Rezept, bei dem man sich zwei Trockenverfahren zunutze macht und dabei ein ganz besonders schmackhaftes Ergebnis erzielt.

Zutaten
1 kg sehr mageres Rindfleisch
125 ml Sojasauce
125 ml Worcestershire-Sauce
100 ml Liquid Smoke
1 EL Knoblauchpulver
1 EL Zwiebelpulver
1 EL Cayennepfeffer
ein paar Spritzer Tabasco
1 EL schwarzer Pfeffer, frisch gemahlen
Salz nach Belieben und Geschmack

Zubereitung
Das Rindfleisch gegen die Faser in Streifen von 0,5–0,6 cm Dicke schneiden. In einer Schüssel alle Würzzutaten miteinander vermischen und nach Geschmack nachsalzen. Das Fleisch in einer Plastikbox damit marinieren, darauf achten, dass alle Fleischteile gut umspült sind – oder das Fleisch in einem großen Plastiksack mit der Marinade vermischen und dabei durchkneten. 12 bis 24 Stunden im Kühlschrank marinieren lassen, ab und an das Fleisch wenden oder durchkneten.

Backofen auf 110 °C vorheizen.

Fleisch aus der Marinade heben, gut abtropfen und auf Küchenkrepp trocknen lassen.

Das Fleisch entweder auf das mit Backpapier ausgelegte Backblech legen oder – wie im Grundrezept beschrieben – auf das Grillgitter hängen. Vier Stunden im Ofen backen, bis es sich trocken anfühlt.

Danach das Fleisch aus dem Ofen nehmen und an einem kühlen, trockenen Ort 24 Stunden lufttrocknen lassen.

Sofort genießen oder in Plastikbeutel abgefüllt weiterreifen lassen und erst nach drei bis vier Wochen genießen.

BEEF JERKY BARBECUE STYLE
(Rinder-Jerky nach Barbecue-Art)

Nicht immer ist Jerky als Dauerware gedacht, man kann es auch smoken und zum sofortigen Verzehr zubereiten, wie dieses Rezeptbeispiel zeigt.

Zutaten

1 kg Rindfleisch (am besten Flank-Steak)
100-125 g brauner Zucker
Salz nach Belieben
125 ml Rotweinessig
2 EL Zwiebelpulver
1 EL Knoblauchpulver
200-225 g Ketchup
½ EL Cayennepfeffer
2 EL Senfpulver

Zubereitung

Das Fleisch von sämtlichem Fett befreien und quer zur Faser in Streifen von 0,5 cm Dicke schneiden.

Zucker und Salz in Essig auflösen, dann mit den restlichen Würzzutaten vermischen.

Die Fleischscheiben einzeln in die Marinade tauchen und jeweils einige Sekunden darin wenden, danach in eine Plastikschüssel füllen und mit der Marinade übergießen. Zugedeckt 24 Stunden im Kühlschrank marinieren.

Fleisch aus der Marinade heben und auf Küchenkrepp abtrocknen.

Danach das Fleisch im Smoker bei 85 °C 1,5 Stunden mit Rauch smoken, danach die Hitze auf 50 °C zurücknehmen und bis zum gewünschten Gargrad weitersmoken, wobei man nicht länger als zwei bis drei Stunden Rauch zufügen sollte.

Man kann für dieses Rezept das Fleisch auch mit traditioneller BBQ-Sauce marinieren.

FRIED BEEF JERKY WITH CORIANDER AND CUMIN
(Frittiertes Rinder-Jerky mit Koriander und Kreuzkümmel)

Dieses Jerky ist nur eine Woche haltbar und genau genommen für den sofortigen Verzehr gedacht – auch wenn es nicht lange haltbar ist, so ist es geschmacklich gesehen sicher eines der besten!

Zutaten
1 kg Entrecôte oder Sirloin-Steak (ohne Fett, Sehnen, Flachsen etc.)
3-4 TL Koriandersamen
1-2 TL Kreuzkümmelsamen
2-3 EL leichte Sojasauce (z. B. Thai-Sojasauce)
1,5-2 EL Zucker
Öl zum Frittieren

Zubereitung
Das Fleisch quer zur Faser in 0,5 cm dicke Stücke von 5 x 8 cm schneiden.

Koriander und Kreuzkümmel in einer Pfanne ohne Fett rösten, bis sie duften und „knacken" – danach abkühlen und im Mörser zerstampfen.

Das Fleisch mit Koriander, Kreuzkümmel, Sojasauce und Zucker in einen großen Zipper-Beutel füllen, gut durchkneten und ein bis zwei Stunden im Kühlschrank marinieren.

Den Backofen auf die kleinste Stufe vorheizen.

Fleischscheiben über den Grillrost hängen und in den Ofen hängen (Abtropfpfanne darunterschieben). Das Fleisch wird nun sechs bis 12 Stunden im Ofen getrocknet, bis sich die Fleischscheiben trocken anfühlen (wie lange das dauert, hängt vom jeweiligen Ofen ab).

Das Fleisch aus dem Ofen nehmen und abkühlen lassen.

In einer möglichst großen, weiten Pfanne etwa fingerhoch Öl einfüllen und erhitzen. Jeweils nicht mehr als sechs Fleischscheiben auf einmal darin frittieren, bis sie beidseitig knusprig sind und vor allem einen krossen Rand aufweisen. Abtropfen lassen und am besten sofort genießen.

Das getrocknete Fleisch in einer weiten Pfanne frittieren, bis es beidseitig knusperig ist.

HOT PORK JERKY WITH LIQUID SMOKE
(Scharfes Schweine-Jerky mit Raucharoma)

Zutaten
1 kg mageres Schweinefleisch (Filet oder Karree)
400–500 ml Sojasauce
120 ml Liquid Smoke
1–2 EL Tabasco
1 TL Cayennepfeffer
75 g brauner Zucker
etwas Zitronensaft
1 TL schwarzer Pfeffer, frisch gemahlen
Worcestersauce nach Geschmack

Zubereitung
Alle Würzzutaten in einer Schüssel mit dem Schneebesen verrühren, bis sich alle festen Bestandteile (Zucker) vollkommen aufgelöst haben.

Das Fleisch von allen Fettresten befreien und am besten mit der Aufschnittmaschine in 0,2 cm dünne Scheiben von 3 cm Breite und 6 cm Länge schneiden.

Das Schweinefleisch gut mit der Marinade vermischen und zugedeckt etwa eine Stunde im Kühlschrank ziehen lassen – ab und an umrühren.

Die Fleischscheiben aus der Marinade heben, gut abtropfen und abtrocknen lassen und anschließend in einem Trockenautomaten mit Plastikschalen bei ca. 60 °C fünf bis acht Stunden trocknen lassen. Es ist fertig, wenn es fast zerbricht, sobald man es biegen will.

GINGERED PORK JERKY
(Schweinefleisch-Jerky mit Ingwer-Aroma)

Zutaten
1 kg extrem mageres Schweinefleisch
1–2 EL frisch geriebene Ingwerwurzel (geschält)
2–3 EL Salz (oder auch Morton Tender Quick –
für noch bessere Haltbarkeit)
1 guter EL Knoblauch-Zwiebelpulver (Vegeta)
75–100 g brauner Zucker

Zubereitung
Das sauber parierte Schweinefleisch in dünne Scheiben schneiden und beidseitig mit einer Mischung aus all den Gewürzzutaten bestreichen. In eine Plastik-Schüssel füllen und zugedeckt 12–24 Stunden marinieren lassen, dabei ab und an wenden. Fleisch aus der Lake nehmen, abtropfen und abtrocknen lassen und anschließend im Dörrautomaten trocknen.

Slow Baked Pork Jerky
(Langsam gebackenes Schweine-Jerky)

Ein sehr einfaches Rezept, aber trotzdem sehr geschmack- und gehaltvoll!

Zutaten
1 kg mageres Schweinefleisch aus der oberen Keule
1–2 EL grobes Salz
1 EL schwarzer Pfeffer, frisch gemahlen

Zubereitung
Das vollkommen fettfreie Schweinefleisch gegen die Faser mit der Schneidemaschine in Scheiben von etwa 0,3 cm Dicke schneiden. Beidseitig mit Salz und Pfeffer bestreuen.

Ofen auf 160 °C vorheizen.

Fleisch auf ein mit Backpapier ausgelegtes Backblech legen und in die obere Einschubleiste schieben. Das Fleisch gut eine Stunde trocknen, dabei alle 15 Minuten wenden. Es ist fertig, wenn es sich leicht wie Jerky anfühlt und vollkommen ausgetrocknet ist – im Geschmack ist es trotzdem ein wenig weich.

Whiskey Pepper Venison Jerky
(Wild-Jerky mit Whiskey und Pfeffer)

Zutaten
1 kg sehr mageres Wildfleisch (Hirsch, Reh, Wildschwein …)
250 ml Whiskey oder Bourbon
1 großer EL grober schwarzer Pfeffer, frisch gestoßen
1 EL Salz (oder Morton Tender Quick)
120–125 ml Sojasauce
125 ml Wasser
2–3 EL Worcestershire-Sauce
2–4 frische Knoblauchzehen, gehackt

Zubereitung
Alle Zutaten für die Marinade vermischen. Das Fleisch, wie im Grundrezept beschrieben, in dünne Streifen von maximal 0,3 cm Dicke schneiden, in eine Plastik-Schüssel füllen und sorgfältig mit der Marinade vermischen. Zugedeckt 12–24 Stunden marinieren – mindestens einmal sollte das Fleisch gewendet werden.

Marinade abschütten, das Fleisch abtropfen lassen und sorgfältig trocken tupfen. Danach im Dehydrator trocknen.

TERIYAKI VENISON JERKY
(Wildfleisch-Jerky mit Teriyaki-Aroma)

Zutaten
1 kg sehr mageres Wildfleisch (Hirsch, Reh, Wildschwein …)
2 EL Morton Tender Quick
125 ml Teriyaki-Sauce
200-250 ml Ananas-Saft
125 ml Sojasauce
1 TL Rauch-Aroma
1 TL schwarzer Pfeffer, gemahlen

Zubereitung
Das dünn geschnittene Wildfleisch 12–24 Stunden im Kühlschrank in einer Marinade aus den angegebenen Zutaten ziehen lassen, dann abtropfen und gut abtrocknen und anschließend im Trockenautomaten (nach Herstellerangaben) trocknen lassen.

SMOKED VENISON JERKY WITH CHILI
(Wild-Jerky mit Chili-Aroma aus dem Smoker)

Eine sehr aufwendige Variante des Jerkys, die eigentlich nur lohnt, wenn man größere Mengen herstellt.

Zutaten
3 kg mageres Wildfleisch (ohne Sehnen, Fett etc.)
3 EL Chilipulver
2 EL Hickory Smoke Salt (z. B. McCormick)
3 EL feines Meersalz
½ EL grobes Meersalz
½-1 TL Paprikapulver
½ EL Knoblauch-Salz

Zubereitung
Das vollkommen fett- und sehnenfreie Wildfleisch in dünne Scheiben von maximal 0,5 cm Dicke aufschneiden. Alle Würzzutaten vermischen, das Fleisch damit beidseitig bestreuen, gut durchkneten (Handschuhe tragen!) und in einer Plastikbox zugedeckt über Nacht ziehen lassen.

Am nächsten Tag das Fleisch aus der Lake nehmen, gut abtrocknen lassen und im Smoker bei ca. 60 °C etwa sechs Stunden garen, bis es trocken ist und sich wie Jerky anfühlt.

SLICED MEAT TURKEY JERKY
(Truthahn-Jerky, klassisch)

In Amerika hat es sich in jüngerer Zeit durchgesetzt, Truthahn-Jerky nach der modernen „Ground-Meat"-Version zu trocknen – doch die klassische Version aus feinen Scheiben schaut nicht nur besser aus, sie schmeckt auch unvergleichlich besser.

Zutaten
**1 kg Truthahnbrust (besonders gut wird
das Jerk mit Fleisch vom Wilden Truthahn)
200-250 ml Bourbon
2 TL schwarzer Pfeffer
1 TL Zwiebelpulver
1 TL Knoblauchpulver
2 EL Morton Tender Quick (man kann auch Salz nehmen,
aber mit Morton Tender Quick wird es besser!)
4 EL brauner Zucker
1 TL Liquid Smoke**

Zubereitung
Das Truthahnfleisch wie gewohnt mit einer Aufschnittmaschine in dünne Streifen schneiden.

Alle Zutaten für die Marinade vermischen und mit einem Schneebesen rühren, bis alles gut aufgelöst ist.

Fleisch mit Marinade in eine Plastikbox füllen und sorgfältigst vermischen. Mindestens 24 Stunden im Kühlschrank marinieren, dabei das Fleisch ab und an wenden.

Fleisch aus der Marinade heben, abtropfen, abtrocknen lassen und im Dörrautomaten trocknen.

Alternativ kann man das marinierte Fleisch auch über ein Gitter hängen und im Backofen trocknen (ca. 6–8 Stunden, 45–50 °C, Umluft, leicht geöffnete Ofentür).

„COOKED" TURKEY JERKY WITH BROWN SUGAR
(Gekochtes Truthahn-Jerky mit braunem Zucker)

Gekocht ist hier nicht ganz der richtige Ausdruck, gleichwohl das Besondere an dieser Methode ist, dass das marinierte Truthahnfleisch mitsamt der Marinade zuerst aufgekocht wird, bevor man es trocknet – das sorgt für ein besonders intensives Aroma der Marinade und eine spezielle Textur des Fleisches.

Zutaten

1,5 kg Truthahnbrustfleisch ohne Haut, Fett, Sehnen etc.
4-5 EL brauner Zucker
125 ml Sojasauce
2 EL Worcestershire-Sauce
1 EL schwarzer Pfeffer, frisch gemahlen
1 TL Zwiebelpulver
1 TL Knoblauchpulver
200 ml Wasser

Zubereitung

Die Truthahnbrust gegen die Fleischfaser mit einer Aufschnittmaschine in 0,3–0,5 cm dicke Scheiben schneiden.

Alle Zutaten für die Marinade miteinander vermischen.

Das Truthahnfleisch in einer großen Box gründlich mit der Marinade vermischen und zugedeckt über Nacht im Kühlschrank marinieren.

Am nächsten Tag die Truthahnscheiben zusammen mit der Marinade in einen großen Topf füllen und auf kleiner Flamme aufkochen, bis die Flüssigkeit 75 °C erreicht hat – mit einem Thermometer messen!

Das Fleisch aus der Marinade heben und auf Küchenkrepp abtropfen lassen.

Den Ofen auf 60 °C erwärmen.

Das Truthahnfleisch am besten auf einen Jerky-Rak für den Backofen aufhängen und in den vorgewärmten Ofen schieben.

Einen Holzlöffel in die Tür stecken, damit die Feuchtigkeit entweichen kann.

Das Truthahn-Jerky wird ungefähr drei bis vier Stunden benötigen, nach drei Stunden probieren, ob das Fleisch fertig ist – es sollte sehr trocken sein; wenn es sich noch feucht anfühlt, weitertrocknen lassen.

CHICKEN JERKY WITH GINGER, GARLIC AND LEMON JUICE
(Hühner-Jerky mit Ingwer, Knoblauch und Zitronensaft)

Zutaten
1 kg ausgelöstes Hühnerbrustfleisch
(ohne Haut, Sehnen, Knochen etc.)
200 ml Sojasauce (leicht gesalzen)
½ TL Ingwerpulver (oder 1–2 EL frisch geriebener Ingwer)
1 TL Knoblauchpulver (oder 4 bis 6 zerdrückte Knoblauchzehen)
2 EL Zitronensaft
½ TL schwarzer Pfeffer, frisch gemahlen

Zubereitung
Das Hühnerfleisch mit einer Aufschnittmaschine in 0,3–0,5 cm dicke Scheiben schneiden.

Alle Zutaten für die Marinade miteinander vermischen, dann das Hühnerfleisch zusammen mit der Marinade in einen großen Zipper-Sack füllen und gut verkneten, danach den Sack 15 Minuten in den Kühlschrank geben. Danach nochmals das Fleisch mit der Marinade verkneten, sodass man die Marinade quasi in das Fleisch einmassiert.

Fleisch aus der Marinade nehmen, abtropfen und auf Küchenpapier sorgfältig trocknen.

Das Hühnerfleisch in einen Trockenautomaten mit Plastikschalen geben und bei etwa 60 °C rund fünf bis sieben Stunden dörren, bis es vollkommen trocken ist.

Die Hühnerbrust in gleichmäßige Scheiben schneiden.

Den Ingwer reiben und reichlich ...

... Knoblauch pressen oder mit Salz zerdrücken.

Ingwer, Knoblauch, Chilischoten mit Rum oder Tequila ...

.... und Zitronensaft verrühren und das Huhn marinieren.

Das marinierte Fleisch abspülen und trocknen.

Fertig getrocknetes Chicken Jerky

INTOXICATING CHICKEN JERKY
(Besoffenes Hühner-Jerky)

Ein wunderbares Rezept für Leute, die den Geschmack von mit Alkohol mariniertem Fleisch lieben. Von diesem Jerky wird man nicht genug bekommen können!

Zutaten
1 kg ausgelöste Hühnerbrust
(ohne Haut, Fett, Sehnen, Knochen etc.)
200-250 ml Weißwein
125 ml Tequila
125 ml Bier
100 ml Teriyaki-Sauce
100 ml Sojasauce
2 EL Rauch-Aroma
Tabasco nach Geschmack
schwarzer Pfeffer nach Geschmack
Salz nach Geschmack

Zubereitung
Alle Zutaten für die Marinade in einer großen Schüssel miteinander vermengen, dabei nach Geschmack mit Tabasco, Pfeffer und Salz würzen. Das Huhn mit einer Aufschnittmaschine in sehr dünne Scheiben schneiden und diese in die Marinade einlegen. Zugedeckt 12–24 Stunden marinieren.

Das Huhn aus der Marinade nehmen und auf Küchentuch abtrocknen lassen.

Das Huhn in einem Trockenautomaten mit Plastikschalen auf geringstmöglicher Temperatur mindestens 12 Stunden trocknen lassen – auch länger, wenn es nötig ist.

MODERN GROUND JERKY
(Moderne Jerky-Variante aus Hackfleisch)

In den letzten Jahren hat sich neben dem klassischen Jerky auch das sogenannte „Ground Jerky" durchsetzen können, vor allem im „Hausgebrauch" und bei Jägern. Der Grund dafür liegt in seinen Vorteilen, denn es kann auch Fleisch von kleinen Tieren (Wildenten, Hasen etc.) leicht zu Jerky konserviert werden und zudem ist das „Ground Jerky" wesentlich angenehmer im Biss. Ein weiterer Vorzug ist der, dass auch weniger „gute" Fleischteile und sogar Fleischreste leicht zu Jerky verarbeitet werden können. Allerdings erfordert es auch ein wenig mehr Aufwand und das eine oder andere zusätzliche technische Hilfsmittel.

Auch beim Ground Beef gilt der Grundsatz, dass das Fleisch möglichst sauber pariert sein muss und dass man alles sichtbare Fett wegschneiden soll, weil dieses das Jerky ranzig im Geschmack werden lassen könnte.

Man kann jedes magere Muskelfleisch hernehmen, auf maximal 5 °C Kerntemperatur herunterkühlen und mit einem händischen oder elektrischen Fleischwolf faschieren. Die Wahl der Lochscheibe ist Geschmacksache – die einen mögen es feiner, die anderen nehmen lieber eine gröbere Lochung. Für das Ergebnis ist die Wahl der Lochscheibe irrelevant.

Bei der Beize ist zu beachten, dass man bei fertig gekauften „Rubs" die Mengenverhältnisse richtig abwiegt und bei hausgemachter Würze genügend Salz hinzugibt. Da das Verarbeiten von Hackfleisch immer etwas heikel ist, empfiehlt sich hier doch die Verwendung einer handelsüblichen Ware, die man nach eigenem Geschmack nachwürzt – sehr gute Ergebnisse erzielt man beispielsweise mit dem Meat-Curt namens „Morton Tender Quick", man kann aber auch mit Pökelsalz oder Ähnlichem arbeiten. Hier nun drei Rezepte: zwei Rezeptbeispiele mit Wildfleisch, für das sich diese Technik besonders gut eignet, und eine Art „Trockenwurst" aus Faschiertem.

Das faschierte und gewürzte Fleisch kann auch einfach mit einem Spritzbeutel ohne Tülle auf das Backblech aufgetragen werden.

GROUND VENISON JERKY
(Jerky aus faschiertem Hirsch)

Zutaten

1 kg schieres Reh- oder Hirschfleisch
2 TL Morton Tender Quick (oder vergleichbares Pökelprodukt)
1 EL Knoblauchpulver
1 EL Zwiebelpulver
1-2 TL schwarzer Pfeffer, frisch gemahlen
(oder auch roter Pfeffer oder Cayennepfeffer)
100-150 g brauner Zucker

Zubereitung

Alle Zutaten für die Würze vermischen und das Fleisch in einer großen Schüssel mit einem Esslöffel davon überstreuen – gut mit den Händen durchkneten. Dann die restliche Würze hinzugeben und alles gut verkneten, wobei es wichtig ist, dass die Würze gut verteilt wird, weshalb es sich empfiehlt, sie auch in zwei bis drei Portionen einzuarbeiten. Alles zugedeckt über Nacht im Kühlschrank durchpökeln lassen.

Das gewürzte Fleisch wird zwischen zwei Lagen Butterbrotpapier oder Frischhaltefolie 0,3 cm dünn mit einem Nudelholz ausgewalkt. Die obere Lage der Folie entfernen und das Fleisch anschließend in gleichmäßige Streifen von 3–5 cm Breite und etwa 20–25 cm Länge schneiden – man kann das Fleisch auch in eine Wurstspritze füllen und mit der flachen, breiten Lochung Streifen direkt zum Trocknen aufspritzen.

Die Fleischstreifen am besten auf dem Gittereinschub eines Trockenautomaten auflegen und nach Geräte-Anleitung wie Jerky trocknen. Dieses Jerky ist aufgrund des doch etwas heiklen Hackfleisches nicht wirklich lange haltbar und sollte daher unbedingt in Vakuum verpackt im Kühlschrank gelagert werden.

SMALL GAME AND WILDFOWL JERKY
(Niederwild- und Wildenten-Jerky)

Ground Jerky eignet sich – wie bereits erwähnt – besonders zur Verarbeitung von kleinen Wildtieren, die nicht genügend große Fleischteile für die für das klassische Jerky benötigten Fleischscheiben liefern. Insbesondere alle Arten von Wildvögeln sowie Wildenten, Fasanen oder Gänse sind hervorragend geeignet, aber auch Hasen und anderes Niederwild. Wer den intensiven Wildgeschmack von Wildenten oder -gänsen abmildern will, kann hier auch gerne mit anderen, milder schmeckenden Wildfleischsorten mischen oder eine besonders aromatische Würze wählen. Tatsächlich schmeckt eine Mischung aus verschiedenen Wildsorten wirklich gut, aber auch „reinsortig" hergestellte Produkte liefern hervorragende Ergebnisse.

Zutaten

1 kg gemischtes Wildfleisch (es sollte mindestens
zwei bis drei Monate im Tiefkühler gelegen haben!)
2 EL Morton Tender Quick oder Pökel-Produkt nach Wahl
(Packungsanleitung beachten)
1 großer TL Knoblauch-Zwiebel-Würze (von Vegeta)
1 TL Zitronenpfeffer, 1–2 EL Sojasauce, einige Spritzer Tabasco
120–150 ml Wasser

| **ACHTUNG** | Verarbeitung von Wildtieren |

Bei der Verarbeitung von Niederwild und Wildvögeln ist nicht nur eine besondere Hygiene geboten, sondern auch zu beachten, dass ausschließlich gesunde Tiere verarbeitet werden!

Zubereitung

Das Wildfleisch penibel sauber parieren und von allen Knochen, Knorpeln, Sehnen, Silberhäutchen, Blutadern, Fettresten usw. befreien, sodass man nur das schiere Fleisch hat. Sehr blutige Fleischteile müssen genauso entfernt werden wie eventuell vorhandene Schrotkugeln. Nur das reine schiere Fleisch darf weiterverarbeitet werden.

Um eine gleichmäßige Salzverteilung im Fleisch zu erzielen, empfiehlt es sich, das ausgelöste Muskelfleisch über Nacht in Salzwasser im Kühlschrank zu wässern. Das Fleisch gut gekühlt (3 °C!) faschieren. Würzzutaten sorgfältig im Wasser auflösen und anschließend mit dem Fleisch vermischen und alles gut verkneten, bis sich die Masse homogen und klebrig anfühlt. Über Nacht im Kühlschrank durchziehen lassen.

Die Fleischmasse, wie bereits beschrieben, zwischen zwei Lagen Folie dünn auswalken, in Streifen schneiden und anschließend im Dehydrator oder Ofen trocknen (siehe Grundrezept).

JERKY-STICKS

Grundsätzlich ist im Hausgebrauch das Verwenden von Fertigmischungen verpönt, dennoch empfiehlt es sich, hier und da auf solche Fertigmischungen zurückzugreifen, insbesondere wenn man mit dem Thema noch nicht so vertraut ist oder wenn man größere Mengen herzustellen gedenkt. Gerade bei der Produktion von Jerky-Sticks – eine sehr schmackhafte Variante – haben sich solche Produkte bewährt. Zwei bekannte Anbieter sind die Firmen LEM und Eastman Outdoor, bei denen man neben Gewürzen und Reifemitteln auch gleich die passenden Wurstspritzen beziehen kann – alternativ bietet auch die Firma „Hi Mountain" ein breit gefächertes Angebot an Würzmischungen für Jerky an. Zum anfänglichen Üben ist das sicher keine schlechte Alternative. Hier nun ein Rezept mit „Eastman Outdoors Jerky Cure and Seasoning":

Zutaten
knapp 2,5 kg mögl. mageres Fleisch (Rind, Lamm, Huhn o. Wild)
1 Packung „Eastman Outdoors Jerky Cure & Seasoning"
(am besten schmeckt die Variante mit Tabasco)
etwas kaltes Wasser

Zubereitung
Alle Zutaten in einer Plastik-Schüssel vermischen und mindestens fünf Minuten kneten, bis sich die Masse klebrig anfühlt. Dann die Schüssel abdecken und alles für vier bis sechs Stunden im Kühlschrank durchziehen lassen. Mit einer Jerky-Wurstspritze (beliebiges Fabrikat) das Fleisch in Stangen oder Streifen auf ein mit Backpapier ausgelegtes Backblech spritzen oder kleine Wurst-Sticks formen und diese auf das Blech legen. Danach die Stangen im Dörrautomaten, im Ofen oder im Smoker trocknen.

Wichtiger Hinweis: Jerky aus faschiertem Fleisch kann grundsätzlich im Ofen, im Trockenautomaten oder auch im Smoker getrocknet werden. Es gilt aber grundsätzlich zu beachten, dass es bei Hackfleisch wesentlich schwieriger ist, gefährliche Mikroorganismen abzutöten als bei ganzen Fleischscheiben (vor allem deshalb, weil die Oberfläche von Hackfleisch viel größer ist). Es ist deshalb unabdingbar notwendig, die Beschreibung des jeweiligen Dörrgerätes durchzulesen, ob dieses überhaupt geeignet ist, und weiter mit geeigneten Geräten zu arbeiten, die eine Temperatur von 90 °C erreichen können – das gilt vor allem dann, wenn in Räucheröfen oder Smokern getrocknet werden soll! Es muss nämlich eine Kerntemperatur von 75 °C erzielt werden, um das Endprodukt lebensmittelsicher zu machen. Eine besonders sichere Methode ist daher der Ofen, welchen man auf 75 °C vorheizt, die Backbleche mit dem Dörrgut hineinschiebt und die Jerky-Sticks zunächst knappe zwei Stunden vortrocknet – sie sollten sich kross anfühlen, aber nicht brechen. Anschließend – und das ist der große Unterschied zum klassischen Jerky – wird die Temperatur auf 120–125 °C erhöht und das Ground Jerky weiter getrocknet, bis man die erforderliche Kerntemperatur erreicht hat.

ACHTUNG | **Lagerung der Jerky-Sticks**

Diese Jerky-Wurststicks müssen nach dem Trocknen und dem anschließenden Abkühlen unbedingt im Kühlschrank gelagert werden – am besten vakuumverpackt!

Biltong

Biltong ist das afrikanische Pendant zum amerikanischen Jerky. In Südafrika gibt es spezielle Fleischer, die sich ausschließlich der Herstellung von Biltong widmen. Es existieren auch spezielle Biltong-Verkaufsstellen – so beliebt sind die würzigen Trockenfleischhappen. Ja, sogar ungewürztes Biltong, das für Babys, Kleinkinder und Allergiker gedacht ist, wird produziert! Im Gegensatz zum Jerk wird das Biltong-Fleisch nicht im Dörrautomaten oder an der Luft getrocknet, sondern in sogenannten Biltong-Boxen, die entweder aus zusammengenagelten Spanplatten (Bauanleitungen für solche Biltong-Boxen kursieren beispielsweise im Internet) bestehen oder auch einfache Plastik-Container sein können. Auch edle Versionen in Form von Glasvitrinen sind hin und wieder zu sehen, was die Sache sehr exklusiv und elegant erscheinen lässt und fast den Eindruck von „Dry-Aging" vermittelt.

Biltong kann auf eine mehr als 400-jährige Geschichte zurückblicken und gehört damit zu den traditionellsten Produkten des afrikanischen Kontinents. Das Wort stammt aus dem Dialekt der Buren und beschreibt mit dem *bil* das Stück Fleisch von der „Pobacke", also der oberen Keule, und mit *tong* ist der streifenförmige Fleisch-Zuschnitt gemeint. Biltong ist vielleicht die einfachste Art der Fleischtrocknung überhaupt und gelingt ohne große Vorkenntnisse auf Anhieb, wenn man sauber und hygienisch arbeitet.

Biltong kann aus fast allen möglichen Tieren hergestellt werden, am üblichsten sind Rind, Büffel, Lamm, Hammel und Ziege, aber auch Kudu, Antilopen, Strauß, Impala, Zebra, Springbock, Pferd, Gamsbock sowie sämtliches Rotwild kann zur Biltong-Produktion genutzt werden; moderne Varianten werden zudem aus Huhn, Pute, Schwein, Kalb, Ente, Fasan und auch Exoten, wie Krokodil, hergestellt.

Bier und Biltong in Kombination gehören unabdingbar zum südafrikanischen Lebensgefühl und sind ein gutes Beispiel dafür, dass der Genuss keine „Rassen"trennung kennt! Daneben wird Biltong in unzähligen Rezepten verarbeitet – am beliebtesten ist die Kombination mit Ei, aber auch Biltong als Suppeneinlage, als Würze für Eintöpfe oder auch fein gehackt auf ein warmes Butterbrot gestreut sind wahre Klassiker der südafrikanischen Küche.

Es ist leicht vorstellbar, dass sich im Laufe der Zeit unzählige Biltong-Rezepte herauskristallisiert haben, doch letztlich basieren alle auf zwei grundlegenden Rezepten: Die erste Variante nennt sich „Seasoned Biltong" und entspricht mehr oder weniger der Trockenpökelung, die zweite Variante wird „Marinated Biltong" genannt und basiert auf der Nasspökelung. Typisch für beide ist aber die Verwendung von Essig, der nicht nur als Konservierungsmittel dient, sondern auch für den typischen Geschmack sorgt und zudem die Fleischfarbe dahingehend beeinflusst, dass sie in ein tiefes Schwarz mutiert.

Afrikanische Urvölker werden aber nicht müßig darauf hinzuweisen, dass sie selbst auch eine Variante des Biltong kennen, die viel älter ist als die heute geläufigen. Denn auch sie stellten einfaches Trockenfleisch her, indem gesalzene Fleischstücke schlicht und einfach an der Luft getrocknet wurden.

Das Fleisch

Bei der Herstellung von Biltong ist nicht viel zu beachten. Bedeutend sind lediglich zwei Punkte:

- Das Fleisch muss **vollkommen fettfrei** sein (es dürfen auch keine Fette oder Öle für die Marinade verwendet werden).
- Die Fleischstreifen müssen **immer längs zur Faser geschnitten** werden.

Optimal geeignet sind Fleischstreifen von 3–5 cm Breite, 20–30 cm Länge und einer Dicke von maximal 1 cm – wobei man schon darauf achten sollte, dass alle Fleischscheiben in etwa **gleich dick** sind. Die Dicke bestimmt nämlich die Trocknungsdauer.

Das Trocknen

Wie schon angesprochen erfolgt die Trocknung entweder direkt an der frischen Luft, wie es die afrikanischen Urvölker getan haben, oder – was wesentlich hygienischer und lebensmittelgerechter ist – in einer speziellen **Biltong-Box**.

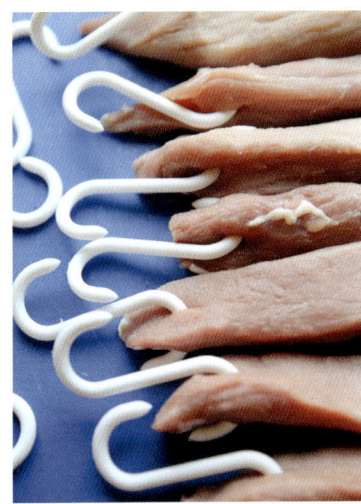

Das fettfreie Fleisch wird längs der Fasern geschnitten.

Zum Aufhängen Spagat oder kleine Haken verwenden.

Gleichmäßig geschnittene Fleisch-scheiben pökeln und würzen.

Die Trocknung erfolgt in der Biltong-Box.

Zum Aufhängen zieht man einfach einen Spagat durch ein Ende der Fleischscheibe oder man hängt die Fleischlappen auf kleinen Haken auf.

Wichtig ist in jedem Fall, dass das trocknende Fleisch luftig hängt – die Temperatur spielt dabei keine große Rolle. Man könnte das Fleisch auch auf einer Wäscheleine auf dem Dachboden aufhängen oder – wenn es nicht zu viel Ungeziefer gibt (obwohl diese durch den verwendeten Essig meist ausbleiben) – sogar auf dem Balkon. Wenn man vorhat, Biltong in größeren Mengen herzustellen, dann könnte man auch einen kleinen Raum dafür umfunktionieren, den man mit Holz auskleidet, mit einem Ventilator ausstattet und dafür sorgt, dass ein leichter Luftzug möglich ist.

Im Laufe der ersten Woche wird das Fleisch bereits sehr viel dunkler werden, bei manchen Fleischsorten sogar bereits schwarz. Idealerweise bildet sich an der Oberfläche ein feiner Schimmelbelag – keine Sorge, es handelt sich dabei um gewünschten Edelschimmel, ein absolutes Qualitätsmerkmal. Sollte sich dieser Schimmel nicht bilden, ist das auch kein Grund zur Panik.

Nach rund einer Woche ist das Fleisch „demy cured" (halb gereift) und damit ungefähr drei Monate haltbar. Diese Variante wählt man, wenn das Trockenfleisch zum puristischen Verzehr gedacht ist, denn dafür perfektes Biltong ist außen hart und fast schwarz, dabei aber noch leicht rötlich und im Inneren nicht vollkommen ausgetrocknet.

Nach weiteren zwei bis drei Wochen ist es „dry" und vollkommen durchgetrocknet. Derartiges Biltong ist gut zwei Jahre haltbar, aber zum puristischen Verzehr kaum geeignet, weil es fast steinhart ist. Solches Biltong eignet sich aber hervorragend für Suppen, Saucen, Eintöpfe oder auch zum Hobeln über Eierspeise, Pasta & Co.

Lagerung

Biltong stellt keine besonderen Ansprüche an die Lagerung, insbesondere dann nicht, wenn es in der Reifestufe „dry" produziert wurde. Luftig und trocken reicht vollkommen.

Weiterverarbeitung

„Demy cured"-Biltong wird, mit dem sogenannten Biltong-Cutter (oder einem scharfen Messer) in dünne Scheiben geschnitten, als Snack genossen.

„Dry"-Biltong ist in dickere Scheiben geschnitten kaum zu genießen, weil es so hart ist, dass man es fast nicht beißen kann – daher muss es weiterverarbeitet werden: Für den Snack wird es mit einer Aufschnittmaschine in hauchdünne Scheibchen geschnitten oder auch in feine Streifen gehobelt. Wenn es gekocht werden soll, reicht es aus, das Trockenfleisch einfach grob zu hacken. Eine Alternative wäre, das Trockenfleisch zu Pulver zu mahlen – dieses Pulver kann als Suppenwürze verwendet oder einfach auch auf ein Butterbrot gestreut werden.

SEASONED BILTONG
(Trockengepökeltes Biltong)

Zutaten für eine
traditionelle Pökelmischung (reicht für ca. 5 kg Fleisch)
100 g Pökelsalz (Speisesalz mit Nitritpökelsalz nach Packungsangabe vermischen)
50 g brauner Zucker
1-2 EL Natron
1 guter EL schwarzer Pfeffer, frisch gemahlen
Gewürze nach Belieben: gemahlener Koriander ist Pflicht, daneben kann man Knoblauch, Zwiebeln, Ingwer, gemahlenen Lorbeer usw. dazugeben.

Zubereitung
Die Zutaten für die Pökelmischung vermengen – für wie viel Fleisch diese ausreichend ist, hängt vom Nitritpökelsalz ab (nach Packungsangabe richten).

Das in Streifen geschnittene Fleisch wird zunächst in Essig getunkt und anschließend mit der Pökelmischung bestreut und im Kühlschrank mindestens zwei bis drei Tage reifen gelassen (man kann es bis zu 14 Tage pökeln).

Das Fleisch anschließend einfach zum Trocknen in eine Biltong-Box hängen und dort zwei bis vier Wochen abtrocknen lassen.

MARINATED BILTONG
(Nassgepökeltes Biltong)

Diese ist die mit Anstand sicherste, variantenreichste und damit auch die am häufigsten angewendete Methode des Fleischtrocknens überhaupt. Grundbestandteile der Marinade sind Säure (Essig, Zitronensaft etc.), Salz und Gewürze. Die Marinade dient einerseits der Konservierung, andererseits ist sie der geschmacksgebende Bestandteil des Biltong.

Die Fleischstreifen müssen darin mindestens 12 Stunden mariniert werden – besser sind 24 Stunden –, bevor sie zum Trocknen aufgehängt werden können.

Bei der Herstellung der Marinade ist zu beachten, dass man zuerst alle flüssigen Bestandteile vermischt, danach alle kristallinen Bestandteile (Salz, Zucker) darin auflöst und die Gewürze erst zum Schluss beimengt.

ACHTUNG | **Fett vermeiden!**

Keine Fette und Öle für die Marinade verwenden, denn die könnten das Trockenfleisch genauso ranzig machen wie eventuell anhaftendes tierisches Fett.

VARIANTE 1 – MARINADE MIT PÖKELSALZ

Ein Verfahren, das für alle Fleischsorten angewendet werden kann.

Zutaten für 1-2 kg Fleisch

50 g Pökelsalz (Speisesalz mit Nitritpökelsalz nach
Packungsangabe vermischen)
100 ml Cidre- oder Weißweinessig und 100 ml brauner Malzessig
1-2 EL brauner Zucker, schwarzer o. weißer Pfeffer aus der Mühle
1 EL Koriandersamen, grob im Mörser gestoßen

Zubereitung

Das in Scheiben oder Streifen geschnittene Fleisch wird beidseitig mit
Pökelsalz und Pfeffer gewürzt – darauf achten, dass das Fleisch möglichst
durchgehend damit bestreut ist – und die Würze leicht einmassiert.

Zutaten für die Marinade mischen. Das Fleisch in eine große Plastikbox
geben und mit der Marinade übergießen – gut durchmischen und darauf
achten, dass alle Fleischteile mit Marinade umspült werden. Mindestens
24 Stunden – besser 48 Stunden – im Kühlschrank ziehen lassen; dabei das
Fleisch immer wieder wenden, damit es gleichmäßig durchziehen kann.

Das Fleisch aus der Marinade heben, abtropfen und mit Küchenkrepp
trocken tupfen. Zum Trocknen in eine Biltong-Box hängen.

VARIANTE 2 – MARINADE OHNE PÖKELSALZ

*Diese Marinade ist ebenfalls für nahezu alle Fleischsorten geeignet –
schmeckt aber am besten mit Rind, Wild, Schwein, Huhn und Pute. Wer
es abenteuerlich versuchen will, macht dieses Biltong mit Krokodil.*

Zutaten für 3-4 kg Fleisch

200 ml Sojasauce
100 ml Apfelessig
1-2 EL Rohrzucker
1 EL Liquid Smoke
1 TL schwarzer Pfeffer, frisch gemahlen
1-2 EL Salz (ca. 25 g auf 1 kg Fleisch)
evtl. einige Spritzer Worcestersauce und/oder Tabasco

Zubereitung

Das Fleisch wie oben beschrieben in Streifen schneiden, beidseitig mit
der Marinade bestreichen, in eine Plastikbox füllen und mit restlicher
Marinade bedecken. Zugedeckt mindestens 24 Stunden marinieren,
dabei ab und an wenden. Das Fleisch aus der Marinade heben, zwischen
Küchenpapier abtrocknen und zum Trocknen in eine Biltong-Box hängen.

Bild linke Seite: Im Gegensatz zu Jerky werden bei Biltong die ganzen Fleischstücke getrocknet.

CREOLIAN COFFEE BILTONG

Zutaten

ca. 3,5 kg sehr mageres Rindfleisch
200 ml extrem starker Espresso (der Kaffee sollte so
überextrahiert sein, dass man ihn kaum trinken kann)
200 ml Balsamico-Essig
1 EL Kardamom (ausgelöste Kapseln, leicht gestoßen)
1 EL schwarzer Pfeffer, geschrotet
2 EL Rohrzucker
2 EL Salz

Zubereitung

Das, wie eingangs beschrieben, in Streifen geschnittene vollkommen fettfreie Rindfleisch in die Marinade einlegen und darin mindestens zwei Tage ziehen lassen – ab und zu wenden, damit es gleichmäßig marinieren kann.

Dann das Fleisch aus der Marinade heben, diese leicht abtupfen und das Fleisch zum Trocknen in die Biltong-Box hängen.

SCOTCH MUTTON BILTONG
(Schottisches Hammel-Biltong)

Eine sehr intensiv aromatische Sache für Geschmacks-Fetischisten!

Zutaten

ca. 3,5 kg Hammelfleisch (ohne Fett, Hautreste, Sehnen etc.) –
wer es nicht so intensiv will, nimmt Lamm
250 ml kräftiger, sehr torfiger Highland Malt Whisky
(optimal wäre einer mit Fass-Stärke)
50 ml Sherry-Essig
10-20 g Honig
3-4 EL Meersalz

Zubereitung

Das magere, vollkommen fettfreie Fleisch wie oben beschrieben in 0,5 bis 1 cm dicke Scheiben schneiden und zunächst beidseitig salzen.

Aus den angegebenen Zutaten eine kräftige Marinade mischen – wer mag, gibt dieser noch etwas grob gestoßenen Langpfeffer hinzu. Das Fleisch in die Marinade legen und zugedeckt im Kühlschrank zwei bis drei Tage marinieren; ab und an das Fleisch wenden.

Fleisch aus der Marinade heben, Marinadenreste am Fleisch belassen und das Fleisch in der Biltong-Box trocknen lassen.

VENISON-BILTONG
(Biltong mit Wildfleisch)

Zutaten
3–3,5 kg Wildbret (Hirsch, Reh, Wildschwein etc.)
250 ml Rotweinessig
50 ml alter Balsamico-Essig
2–3 Zweige Thymian
4–6 Lorbeerblätter, zerbröselt
1 Zweig Lavendel
6–8 Wacholderbeeren, grob gestoßen
4–6 Pimentkörner, grob gestoßen
1 TL Zwiebelpulver und 1 TL Knoblauchpulver
1–2 EL brauner Zucker
1 TL schwarzer Pfeffer, geschrotet
3–4 EL Meersalz

Zubereitung
Das magere, fettfreie Fleisch in Streifen schneiden und in die aus den angegebenen Zutaten hergestellte Marinade legen. Mindestens vier bis sechs Tage darin ziehen lassen, dabei immer wieder wenden.

Die Fleischlappen mit Haken versehen und in die Biltong-Box (oder den Biltong-Maker) hängen und zwei bis drei Wochen trocknen lassen.

Mit dem Biltong-Cutter wird das Hirsch-Biltong aufgeschnitten.

MEDITERRANES LAMM-BILTONG

Zutaten

3–3,5 kg Lammfleisch aus der Keule (ohne Fett, Sehnen,
Hautreste etc.), in ca. 1 cm dicke Streifen geschnitten
2 EL Meersalz
200 ml Rotweinessig
2–3 EL Knoblauchpulver
1 EL Oregano, getrocknet
1 EL Thymian, getrocknet
1 EL Kreuzkümmelsamen, grob gestoßen
1 EL Koriandersamen, grob gestoßen
1 TL schwarzer Pfeffer, geschrotet, oder Cayennepfeffer

Zubereitung

Das Fleisch rundherum leicht salzen, danach in die aus allen Zutaten
gemischte Marinade legen, sorgfältig darin wenden, sodass das Fleisch
rundherum damit überzogen ist und anschließend zugedeckt zwei bis
drei Tage im Kühlschrank ziehen lassen.

Fleisch aus der Marinade heben, zwischen zwei Lagen Küchenkrepp trocken tupfen und anschließend zum Trocknen in den Biltong-Maker hängen.

SPICY CHICKEN BILTONG

Zutaten

ca. 3 kg Hühnerbrust (ohne Knochen, Haut, Fett, Sehnen etc.)
200 ml Sherry-Essig
1–2 EL Rohrzucker
1–2 EL Chiliflocken
1 EL Tabasco
2–3 EL Chilipulver
1 EL Kreuzkümmel, gestoßen
3–4 EL Meersalz

Zubereitung

Das Fleisch wie gewohnt in Streifen schneiden und in der separat zube-
reiteten Marinade 48 Stunden marinieren. Danach das Fleisch abtupfen
und wie gewohnt in der Biltong-Box trocknen.

| TIPP | Extra scharf! |

Wer es besonders „hot" mag, der tupft das Fleisch nicht ab, bevor es in die
Box gehängt wird, sondern belässt die anhaftende Marinade am Fleisch.

PORK BILTONG WITH 3 PEPPERS

Eine wunderbar würzige Variante mit Schweinefleisch …

Zutaten

3-3,5 kg sehr mageres Schweinefleisch aus der Keule
(ohne Fett)
3-4 EL Meersalz
250 ml Apfel- oder Weißweinessig (oder Hesperiden-Essig)
3-4 EL Paprikapulver, edelsüß
3-4 EL Paprikapulver, rosenscharf
(scharfes ungarisches Paprikapulver)
1-2 EL grob gestoßene geräucherte Chipotle-Chili
(ersatzweise Tabasco „Chipotle")
1 EL Kreuzkümmel, grob gestoßen
75 g getrocknete Tomaten, fein gehackt
(keine in Öl eingelegten verwenden!)
2 EL Rohrzucker
Chiliflocken nach Belieben und gewünschter Schärfe

Zubereitung

Das Fleisch, wie im Grundrezept beschrieben, von sämtlichen Fett-, Schwarte- und Knochenresten befreien, in feine Streifen schneiden und anschließend mit wenig Salz bestreuen (für ein schöneres Ergebnis kann hier auch Pökelsalz verwendet werden, wenn es moderat eingesetzt wird).

Aus den angegebenen Zutaten eine Marinade rühren, diese nach persönlichem Geschmack nachwürzen.

Das Fleisch in einer Plastikschüssel sorgfältig mit der Marinade vermischen, danach zugedeckt zwei bis drei Tage im Kühlschrank marinieren; immer wieder wenden, damit das Fleisch gleichmäßig durchziehen kann.

Das Fleisch aus der Marinade heben, nur leicht abtropfen lassen und sofort in den Biltong-Maker hängen – wie eingangs beschrieben entweder vier bis sechs Tage für den baldigen Verbrauch oder zwei bis drei Wochen für die längere Aufbewahrung marinieren.

VARIANTE

Statt dem Kreuzkümmel einen Wiesenkümmel nehmen und die Marinade zusätzlich mit 1–2 EL Majoran würzen.

3 Day Homemade Coriander Biltong

Dies ist eine Variante, die nicht vollständig abgetrocknet wird, sondern relativ frisch bleibt – das ist das Biltong-Fleisch, welches in Südafrika vor allem als Snack zum Bier dient.

Zutaten
**2 kg möglichst mageres Rindfleisch aus der Keule
Cidre-Essig
feines Kalahari-Salz
Chiliflocken
schwarzer Pfeffer, geschrotet
Koriander, grob gestoßen
Kreuzkümmelsamen, grob gestoßen, nach Belieben**

Zubereitung
Das Fleisch mit einer Aufschnittmaschine längs der Faser in möglichst gleichmäßige Scheiben von 1 cm Dicke und maximal 20 cm Länge schneiden. Danach das Fleisch sehr großzügig auf beiden Seiten mit Salz bestreuen und eine Stunde rasten lassen.

Anschließend mit dem Messerrücken das überschüssige Salz von den Fleischscheiben abstreifen (das Fleisch nicht waschen!).

Die Fleischscheiben mit Haken versehen.

Eine Schüssel mit Essig füllen und die Fleischlappen nacheinander darin eintauchen, überschüssigen Essig abtropfen lassen.

Alle Fleischscheiben einzeln nach Belieben mehr oder weniger großzügig rundherum mit Chiliflocken, Pfeffer, Koriander und Kreuzkümmel bestreuen und in die Biltong-Box hängen. Nach drei bis vier Tagen ist das Fleisch verzehrfertig und schmeckt dünn aufgeschnitten besonders gut!

HINWEIS | **Lagerung**

Es hält sich bei Zimmertemperatur etwa eine Woche, kann aber auch mehrere Wochen im Kühlschrank gelagert werden – für eine längere Aufbewahrung sollte das Fleisch vakuumiert und tiefgefroren werden.

Trockenfleisch – aus allen Ecken der Welt

Trockenfleisch gibt es in fast allen Kulturen auf dieser Welt und in manchen war es – und ist es bis heute – ein echtes Grundnahrungsmittel. Jenseits von Klassikern, wie den europäischen Schinken- und Speckvarianten, dem amerikanischen Jerk oder dem afrikanischen Biltong, bieten diese Exoten teilweise sehr aromatische Rezeptvarianten, die es jedenfalls wert, sind ausprobiert zu werden.

Zu beachten ist aber, dass manche Varianten nicht der Konservierung wegen getrocknet werden, sondern um ein bestimmtes Geschmacksmuster herauszuarbeiten – derartige Rezepte sind nicht zur längeren Lagerung an der Luft geeignet und müssen im Kühlschrank bzw. sogar Tiefkühler gelagert werden (in den jeweiligen Fällen wird im Kapitel darauf hingewiesen). Interessant ist neben der teilweise sehr exotischen Würze vor allem die Tatsache, wie man sich den jeweiligen klimatischen Bedingungen des eigenen Lebensraumes angepasst hat oder sich diese zunutze machen konnte – so ist es beispielsweise außerhalb der kalttrockenen Mongolei kaum möglich, ein „Natur"-Trockenfleisch ohne jede Würze herzustellen.

Die Völker Südamerikas wiederum behaupten gerne, die Erfinder von Trockenfleisch schlechthin zu sein, weil sie ihren Überschuss an Wild, Rind, Schaf & Co auf diese Weise zu konservieren verstanden. Das ist kulturgeschichtlich nicht richtig, denn auch im Vorderen Orient, in Afrika und nicht zuletzt am alten Kontinent versteht man es seit Jahrtausen-

den, Fleisch zu konservieren. Allerdings haben die Völker Südamerikas einige Rezept-Varianten parat, die es geschmacklich wert sind, in Ehren gehalten zu werden. Im Folgenden werden die bekanntesten und besten „Exoten" vorgestellt.

BAKKWA
(China/Malaysia)

Übliche Fleischsorten
Schwein, Rind, Geflügel, Truthahn

Bakkwa in seiner ursprünglichen Form ist eine traditionelle Resteverwertung Südchinas. Übrig gebliebene Fleischreste wurden in feine Scheiben geschnitten, süßsauer mariniert und anschließend getrocknet – eine dem Biltong (s. S. 47) nicht unähnliche Vorgehensweise.

Heute ist Bakkwa in China ein beliebtes Geschenk zum neuen Jahr, doch es wird nicht mehr aus Fleischresten, sondern aus frischem (!) Hackfleisch hergestellt, das gut gewürzt und mariniert auf Holzbretter gestrichen und im Ofen oder Grill getrocknet wird. Das feste Fleisch wird anschließend in Portionsstücke geschnitten, die vor dem Verzehr gegrillt werden.

Lagerfähig ist diese neumodische Variante kaum – außer man friert die einzelnen Stücke ein; dafür sollte man aber Butterbrotpapier zwischen die Fleischscheiben legen, damit diese nicht zusammenpappen und man die Portionen einfacher entnehmen kann.

Zutaten
1 kg eher fettes Hackfleisch
125 g brauner Zucker
1 gehäufter TL chinesisches Fünf-Gewürze-Pulver
1–2 EL Fischsauce
3–4 EL Sojasauce „light"
1–2 EL Shao Tsing (chinesischer Reiswein)
3 EL Honig
15 ml Pflanzenöl
1 TL Sojasauce „dark"
einige Tropfen Sesamöl
etwas rote Lebensmittelfarbe (wahlweise)

Zubereitung
Alle Zutaten in einer Plastikschüssel miteinander vermischen und etwas Lebensmittelfarbe dazugeben, wenn man eine tiefrote Farbe wünscht. Zugedeckt über Nacht im Kühlschrank ziehen lassen.
Ofen auf 100 °C vorheizen.

Bild linke Seite: Auf einer Grillplatte oder über Holzkohle werden die Fleischscheiben gegrillt, bis die Oberfläche karamellisiert.

Eher fettes Schweinefleisch durch den Wolf treiben.

Fleischmasse mit den vorgesehenen Zutaten würzen.

Masse gut verrühren, dann kräftig vermischen oder ...

... kneten, bis sich der Fleischteig klebrig anfühlt.

Die Masse gut verkneten. Ein umgedrehtes Backblech einölen, die Fleischmasse in die Mitte setzen und flachdrücken. Mit Plastikfolie abdecken und mit einem Nudelwalker flach und fest ausrollen, bis das Blech bedeckt ist (die Fleischmasse darf nicht dicker als 3–5 mm sein). Das Backblech in den Ofen schieben und das Fleisch darin trocknen, bis die gesamte Flüssigkeit verdampft ist und die Oberfläche sich staubtro-

Fleischmasse auf mit Backpapier ausgelegtes Backblech streichen, abdecken und auswalken.

Folie abziehen; der Fleischteig sollte möglichst gleichmäßig dick aufgetragen sein.

Zum Trocknen in den Ofen schieben. Den getrockneten ...

... Fleischteig in gleich große Stücke schneiden und grillen.

cken anfühlt – das Fleisch sollte zudem so fest zusammenhalten, dass es zerbrochen werden muss.

Fleischfladen etwas abkühlen lassen, danach in Quadrate von maximal 10 x 10 cm schneiden und entweder auf einer Grillplatte oder über Holzkohlenglut beidseitig grillen, bis die Oberfläche karamellisiert und genussfertig ist (siehe Seite 60).

> **HINWEIS** | **Aufbewahrung**
>
> Die fertig gegrillten Fleischteile in eine Plastik-Box geben und zwischen jede Lage Back- oder Butterbrotpapier legen. Im Kühlschrank aufbewahren.
>
> Man kann die Fleischteile auch gleich nach dem Trocknen einfrieren, vor Gebrauch im Kühlschrank auftauen lassen und anschließend wie gewohnt grillen.

BASTURMA
(Armenien)

Das armenische Basturma ist dem Türkischen Pastirma (siehe dort) sehr ähnlich, wird aber dennoch etwas anders zubereitet. Gleichwohl ist auch das Basturma eine der exquisitesten Trockenfleischprodukte dieser Erde.

Zutaten
1,5 kg Rinderfilet
Steinsalz
Pökelsalz

Paste
½ Kaffeetasse Bockshornkleesamen, grob gemahlen
½ Kaffeetasse Paprikapulver, edelsüß
¼ Kaffeetasse Paprikapulver, rosenscharf
1 Kaffeetasse frische Knoblauchzehen (ohne Schale)
¼ Kaffeetasse schwarzer Pfeffer, frisch gemahlen
feines Meersalz

Zubereitung
Das Fleisch von sämtlichen Sehnen, Hautresten und vor allem von Fett befreien, danach mit kaltem Wasser abspülen, trocknen und sowohl mit Steinsalz als auch mit etwas Pökelsalz einreiben. Das Fleisch in eine Box legen, die kaum größer ist als das Fleischstück (oder eine entsprechende Menge an Fleisch vorbereiten). Zugedeckt vier Tage im Kühlschrank rasten lassen, dabei zweimal wenden und einmal nachsalzen.

Das Fleisch aus der Lake heben, abspülen, abtrocknen und mit einem schweren Gewicht zwischen zwei Holzbrettern pressen, damit möglichst viel Fleischsaft austritt. Danach das Fleisch in einem kühlen Innenraum 36 Stunden zum Trocknen aufhängen (um den Befall mit Fliegen zu vermeiden, kann man das Fleisch in saubere Tücher wickeln). Während dieser Phase wird das Fleisch alle vier Stunden zwischen zwei Holzbrettern gepresst, damit möglichst der ganze Fleischsaft austritt (wenn das

Je länger das Basturma gelagert wird, desto intensiver wird der Geschmack.
(wikipedia.org)

Fleisch in Tücher gewickelt ist, vor und nach jedem Pressen immer wieder aus- und einwickeln).

Nach dieser Prozedur das Fleisch zwei Tage an der frischen Luft trocknen lassen.

Aus den angegebenen Zutaten eine dicke Gewürzpaste herstellen (ist sie zu fest, mit etwas Wasser verdünnen). Das Fleisch mit ca. der Hälfte der Gewürzpaste 2–3 mm dick überziehen und die Paste zwei Tage antrocknen lassen. Danach den Vorgang wiederholen und das Fleisch mit der restlichen Gewürzpaste vollkommen überziehen. Erneut aufhängen – nach zwei bis drei Tagen ist das Basturma eigentlich fertig, es hält sich aber monatelang (je älter es wird, desto intensiver der Geschmack).

BORTS
(Mongolei)

Übliche Fleischsorten
Pferd, Rind, Schaf, Wild, Yak

In den langen und harten Wintern der Mongolei war das Borts geradezu überlebenswichtig und zugleich Grundnahrungsmittel Nr.1. Allerdings ist diese vollkommen naturbelassene Methode der Fleischtrocknung unter den meisten klimatischen Bedingungen nicht möglich – und auch das reichliche Fett, welches dem mongolischen Borts anhaftet, hat nicht nur eine spezielle gelbe Farbe, sondern auch einen sehr speziellen Geschmack, den die meisten Menschen außerhalb der Mongolei wohl als „ranzig" bezeichnen würden. Dennoch sei das Rezept hier angeführt, weil es zeigt, wie wenig es eigentlich braucht, wenn der Mensch sich nach der Natur richtet.

Zubereitung

Traditionellerweise werden die Tiere als Ganzes verarbeitet. Das Fleisch samt anhaftendem Fett wird in 2–3 cm dicke und 5–7 cm lange Streifen geschnitten, die auf Stangen befestigt werden, welche man direkt unter die Decke der Yurten (Nomadenzelte) hängt, weil dort die Luft am besten zirkuliert.

Nach ungefähr einem Monat ist das Fleisch staubtrocken, hart wie Holz und hat eine tiefbraune Farbe, das anhaftende Fett ist gelblich. Die Fleischstangen werden in kleine Stücke zerbrochen, welche man in luftdurchlässige Leinensäcke füllt – im trockenen Klima der Mongolei hält sich derart gelagertes Trockenfleisch jahrelang.

HINWEIS	Verwendung

Die Fleisch-Chips werden in Wasser zu einer kräftigenden Suppe gekocht oder auch in warmem Tee aufgeweicht, damit sie essbar sind.

CARNE DEL SOL
(Brasilien)

Übliche Fleischsorten
Rind, Schaf, Ziege

Eines vorweg – Carne de Sol ist nicht zur langen Lagerung geeignet und gedacht. Ähnlich wie beim Dry-Aging macht man sich hier den Wasserverlust durch Trocknen des Fleisches als Geschmacksverstärker zunutze. Das Salz dient sowohl der Konservierung als auch dem Genuss.

Weil es in Brasilien damals wie heute eher unüblich war und ist, Fleisch zu konservieren (es gab immer genug Frischfleisch), sah man wohl keinen großen Sinn darin, das Fleisch für lange Zeit haltbar zu machen. Gleichwohl erachtete man es als sinnvoll, das Fleisch zu salzen und zu trocknen, denn das führt zu einem intensiveren Geschmack.

Früher hat man das Fleisch nur leicht gesalzen zwei bis vier Tage in den warmen Wind gehängt, um es geschmacklich zu intensivieren – danach wurde es sofort gegrillt und verzehrt. Da wir hierzulande über sehr wenig „warme Winde" verfügen, hier eine moderne Version für den Kühlschrank.

Zubereitung

Am besten nimmt man große Bratenstücke, die sich gut zurechtschneiden lassen. Das Fleisch vom anhaftenden Fett befreien und in gleichmäßige (Portions-)Würfel schneiden – je nach Lust und Laune dürfen sie

6 x 7 oder 7 x 8 cm Kantenlänge haben (oder auch mehr, wichtig ist nur, dass sie gleichmäßig sind).

Das Fleisch in eine Plastikwanne geben und rundherum gründlich mit feinem Meersalz bestreuen – gut vermischen. Vier bis fünf Stunden im Kühlschrank ziehen lassen, danach erneut rundherum mit feinem Salz bestreuen und in einen großen Gefrierbeutel geben. Beutel gut verschließen – aber Platz für das Wasser lassen, das austreten wird. In eine Schüssel legen und mindestens einen Tag im Kühlschrank ziehen lassen.

Das eingesalzene Fleisch aus dem Sack nehmen, trocken tupfen und vor dem Grillen einige Stunden bei Zimmertemperatur trocknen lassen; das Fleisch dazu am besten auf einen Gitterrost legen, damit die Flüssigkeit abtropfen kann. Danach sofort verarbeiten – am besten schmeckt es, wenn man die Fleischstücke in reichlich Butter rundherum hellbraun brät oder wenn man es dünn aufgeschnitten als Suppeneinlage verwendet.

HINWEIS | Kurze Trocknungszeit

Alternativ kann das Fleisch auch in hauchdünne Scheiben geschnitten auf einer Platte ausgebreitet leicht eingesalzen werden und anschließend entweder im Wind oder in einem belüftetem Raum (z. B. Biltong-Box) maximal zwei bis vier Tage getrocknet werden.

TIPP | Außen trocken – innen saftig

Der Sinn des Ganzen liegt darin, dass durch den kurzen Trocknungsprozess nur die Oberfläche des Fleisches antrocknet und quasi versiegelt wird, sodass der Fleischsaft nicht nach außen dringen kann und das Fleisch weich bleibt. Das Salz hat dadurch auch keine Zeit, in das Innere des Fleisches zu dringen, sodass es nicht salzig schmeckt, dafür aber sehr aromatisch wirkt.

CARNE SECA
(Spanien, Portugal, Brasilien, Mexiko)

Übliche Fleischsorten
Rind

Carne seca ist in den Ländern, wo es verbreitet ist, fast Kult und es ist sehr eng mit dem Beef-Jerky verwandt, obwohl es etwas anders hergestellt wird.

Für Carne seca werden handliche Fleischscheiben vor dem Trocknen mit Zitrussaft (Zitronen, Limonen, Orangen etc.), Gewürzen nach Geschmack und vor allem sehr viel Salz mariniert. Für unseren Geschmack ist das Fleisch daher sehr stark salzig, weshalb es sich empfiehlt, das

Trockenfleisch vor der Verwendung mehrere Stunden zu wässern und erst danach zu kochen oder für Suppen, Eintöpfe und/oder zum Aromatisieren von Füllungen oder Hackfleisch zu verwenden. In manchen Regionen wird das Carne seca auch über offenem Feuer geröstet und anschließend dünn aufgeschnitten, mit Zitronensaft beträufelt, genossen.

Zubereitung

Zur Herstellung von Carne seca wird bestes Rindfleisch von Fett und Sehnen befreit und in etwa 15 cm lange, dünne Streifen geschnitten.

Für die Marinade nimmt man reichlich feines Salz (in manchen Regionen nimmt man mehr als 100 g auf 1 kg Fleisch), dazu viel Zitronen- oder Limettensaft sowie Gewürze nach Wahl: Knoblauch, Pfeffer, Chilischoten, Oregano, Koriander u. a. m. Das Fleisch muss gänzlich mit Marinade überzogen sein und darin ein bis vier Tage mariniert werden.

Anschließend hängt man die Streifen zum Trocknen mehrere Tage in die heiße Sonne, in Ermangelung derselbigen kann das Fleisch auch im Trockenautomaten oder in Trockenräumen aufgehängt werden. Carne seca ist fertig, wenn es eine dunkelbraune Farbe angenommen hat und sich sehr trocken anfühlt.

HINWEIS | **Snack für zwischendurch**

Carne seca wird als Snack zwischendurch verzehrt, über Holzfeuer geröstet und ist Bestandteil einiger regionaler lateinamerikanischer Rezepte.

CHARQUI/CHARQUE
(Südamerika, insbesondere Argentinien, Peru, Bolivien, Chile)

Übliche Fleischsorten
Rind, Lama, Guanako, Ziege, Schaf, Pferd, Schwein, Wild

Die Methode, **Charqui** (dem Quechua-Wort *charki* für „getrocknetes Fleisch" entlehnt) herzustellen, wird heute den indigenen Völkern Perus zugeschrieben, die mit dieser Art der Fleischkonservierung schon vor Jahrhunderten einen Überschuss an Wildbret über lange Zeit haltbar gemacht haben. Dabei machten sie sich nicht nur die starke Wirkung der Sonne in den Anden, sondern auch die kalte Höhenluft zunutze, sodass eine Art Gefriertrocknung entstand. Archäologen fanden heraus, dass sich die Reisenden während der Herrschaft der Inkas überall in speziellen Rasthäusern (*tambo* genannt) mit getrocknetem Lama-Fleisch versorgen konnten.

Traditionell wird Charqui wie folgt hergestellt:
Fleisch sorgfältig von Fett, Sehnen und Blutgefäßen befreien, danach in sehr dünne Scheiben schneiden und an einem luftigen, trockenen und sonnigen Ort zum Trocknen aufhängen, bis es eine pappe- bis lederartige Konsistenz erreicht hat. Es empfiehlt sich, dünne Fliegengitter/Netze zum Schutz vor Fliegen über das Fleisch zu spannen. Anschließend wird das Fleisch entweder in einem (Lehm-)Ofen gebacken oder auch langsam geräuchert. Das derart getrocknete Fleisch wird dann mit Salz und nach Wunsch auch mit Gewürzen, wie Paprika und Knoblauch, aromatisiert – die Inkas haben es auch mit Honig und Propolis geschichtet, um es noch besser zu konservieren.

Da wir nur selten so kalte Höhenluft und die starke Wirkung der Sonne wie in den Anden zur Verfügung haben, empfiehlt sich für unsere Breiten die heute verbreitete ***(semi-)industrielle Herstellung***.
Das Fleisch in große, dünne Fleischscheiben schneiden, die vollkommen frei von Fett, Sehnen und Unreinheiten sind. Danach diese Scheiben beidseitig salzen und in einem gut belüfteten Raum (z. B. ausreichend große Biltong-Box) zum Trocknen aufhängen. Wichtig: Der Raum muss gut belüftet sein!
   Die Fleischscheiben mit einer Masse aus Honig, Salz, gepresstem Knoblauch und scharfem Paprikapulver bestreichen und im Ofen – oder noch besser im BBQ-Ofen – vollends trocknen lassen.
   Das derart getrocknete Fleisch kann als Snack verzehrt oder auch zuvor eingeweicht für Füllungen, Suppen, Saucen etc. verwendet werden.

FRESCAL
(Brasilien)

Übliche Fleischsorten
Rind, Ziege

Wird im Grunde wie Carne del Sol (siehe dort) hergestellt. Der einzige Unterschied ist, dass das Fleisch für Frescal nicht an der Sonne trocknet, sondern nur kurz (24 Stunden maximal) in absoluter Dunkelheit aufgehängt wird – es unterscheidet sich daher kaum von der modernen Variante des Carne del Sol.

KUIVALIHA
(Finnland)

Übliche Fleischsorten
Rentier

Diese typisch finnische Trockenfleisch-Spezialität hat es sogar geschafft, von der EU ausgezeichnet zu werden, denn das Lapin Poron kuivaliha (Lappländisches Rentier-Trockenfleisch) ist seit dem Jahr 2010 EU-weit als g.U.-Produkt geführt. Die Rentierzucht und das damit einhergehende Wissen um das Fleisch und seine Verarbeitung gehörten seit Jahrhunderten zum Leben der Volksgruppe der Samen, der Ureinwohner Finnlands. Die ersten schriftlichen Hinweise auf die Herstellung von Trockenfleisch aus Rentieren stammen aus dem 16. Jahrhundert.

Außerhalb von Finnland mag man vielleicht noch Rentierfleisch erhalten, aber was sicher nicht möglich ist, ist die spezielle Erzeugung von Kuivaliha, denn für diese braucht es schon die besonderen klimatischen Bedingungen des finnischen Frühlings: Kuivaliha wird von Februar bis April hergestellt, wobei man sich die klimatischen Gegebenheiten zunutze macht, denn hier ist es tagsüber selten über 7 °C warm und nachts bis zu –30 °C kalt – verbunden mit dem Sonnenlicht und einem trockenen Wind wird das Fleisch unter diesen besonderen Klimabedingungen besonders zart und erhält sein typisches Aroma.

Auch wenn diese klimatischen Bedingungen außerhalb Finnlands wohl schwer zu finden sein werden, soll dennoch hier die Beschreibung seiner Herstellung angegeben sein, um die vielfältigen Möglichkeiten, Fleisch zu trocknen, zu dokumentieren:

Zubereitung
Für das originale nordfinnische Kuivaliha wird Rentierfleisch (ersatzweise Hirsch, Reh oder Rindfleisch) in 5 cm dicke Streifen von 200–600 g geschnitten. Dann die Streifen in eine Plastikwanne legen und drei bis 14 Tage einsalzen (in unseren Breiten eher länger einsalzen).

Danach wird das Fleisch auf Gestelle, die nach Süden zur Sonnenseite hin ausgerichtet sind, im Freien aufgehängt und etwa drei Wochen getrocknet – um das Fleisch vor ungeliebten Räubern (Vögel, Mäuse etc.) zu schützen, sollte man die Gestelle mit Netzen überspannen.

Fertiges Kuivaliha aus Rentierfleisch ist 1–5 cm dick und 10–20 cm lang und hat die Form von Stücken oder Scheiben.

> ### HINWEIS | Echtes Rentiertrockenfleisch
>
> Lapin Poron kuivaliha ist extrem wasser- und fettarm und hat einen relativ intensiven Geschmack und Geruch, wobei das Rentierfleisch kein sehr ausgeprägtes Wildaroma zeigt, wie man glauben könnte. Das originale Lapin Poron kuivaliha ist nur relativ mild gesalzen und dunkelrot bis fast schwarz. Lapin Poron kuivaliha ist außen hart und innen weich und enthält kein sichtbares Fett, es bricht nicht beim Biegen, zergeht aber, dünn geschnitten, förmlich auf der Zunge.

MOKAKIN
(Nordamerika)

Übliche Fleischsorten
Bison

Mokakin ist eine Variante des Pemmikans (siehe dort), die angeblich von den Irokesen abstammt – es wird aus Bisonfleisch hergestellt. Das fertige Fleisch-Fett-Gemisch wird zusätzlich mit getrockneten Beeren und Nüssen aromatisiert, was die Sache besonders nahrhaft, aber auch schmackhafter macht.

PASTIRMA
(Türkei, Bulgarien, Albanien u. a.)

Übliche Fleischsorten
Rind

Für viele Genießer ist das Pastirma der Inbegriff osmanischer Kunst der Fleischwarenerzeugung und tatsächlich ist dieses auf besonders aufwendige Art und Weise hergestellte Trockenfleisch vom Rind auch außergewöhnlich köstlich. Hierfür wird bestes Rindfleisch gepökelt, ausgedrückt, getrocknet und anschließend mit einer speziellen Gewürzpaste ummantelt, die viel Bockshornkleesamen enthält, der dem Fleisch das besondere Aroma verleiht – diese Gewürzpaste wird vor dem Verzehr meist entfernt.

Zur Herstellung von echtem Pastirma werden die sauber parierten Fleischstücke (meist Filet, für mindere Qualitäten auch Keule u. Ä.) frisch geschlachteter Rinder zunächst von einer Seite eingesalzen, dann gestapelt (daher der Name, denn *pastirma* bedeutet so viel wie „gedrückt") und für 24 Stunden gepökelt. Danach wird die andere Seite gesalzen, das Fleisch wird wieder gestapelt und noch einmal für 24 Stunden gepökelt. Anschließend wird das Salz gründlich abgewaschen und die Fleischstücke werden an der Luft für drei bis zehn Tage getrocknet. Danach wird das Fleisch abgerieben und drei bis sechs Tage zum weiteren Trocknen aufgehängt – im Schatten und so, dass sich die Fleischstücke gegenseitig nicht berühren können. Nach dem Trocknen wird das Fleisch mit der angesprochenen Gewürzpaste namens *çemen* eingerieben.

Da man für dieses Verfahren sehr viel Fleisch benötigt, ist die Herstellung von echtem Pastirma für zu Hause kaum geeignet – daher hier eine einfachere, haushaltstaugliche Version:

Zutaten

1 kg mageres Rinderfilet (am besten ein gleichmäßiges Mittelstück, wahlweise Entrecôte)
Meersalz

Für den Çemen

½ Kaffeetasse frische Knoblauchzehen (ohne Schale)
½ Kaffeetasse Paprikapulver, edelsüß
¼ Kaffeetasse frisch gehackte Chilischote (ohne Kerne), ersatzweise 2 EL Chilipulver
½ Kaffeetasse Bockshornkleesamen (wahlweise gemahlen oder gestoßen bzw. halb gemahlen und halb gestoßen)
2-3 EL Kreuzkümmel, gestoßen
1-2 EL Koriandersamen, gestoßen (wahlweise)
evtl. 1 EL Cayennepfeffer
feines Meersalz

Zubereitung

Das Fleisch sauber parieren und von sämtlichen Sehnen, Häuten und sichtbaren Fettschichten befreien. Das Fleisch unter kaltem Wasser abspülen, danach in eine Wanne mit Gitter (z. B. Bratreine mit Gittereinsatz) legen und abtropfen lassen.

Fleisch erneut abspülen, abtrocknen und rundherum mit Meersalz bestreuen. Danach das Fleisch in eine Kasserolle legen, mit einem Brett abdecken und mit Ziegelsteinen beschweren (dadurch werden Wasser und Fleischsaft-Reste aus dem Fleisch gepresst). Fleisch zugedeckt in den Kühlschrank stellen. Den austretenden Fleischsaft jeden Morgen entfernen.

ACHTUNG | **Fleischsaft entfernen!**

Es ist für das gute Gelingen unabdingbar notwendig, dass das Entfernen des Fleischsaftes nicht vergessen wird!

Alle drei bis vier Tage das Fleisch erneut rundherum salzen. Den Vorgang wiederholen, bis das Fleisch 14 bis 15 Tage derart behandelt wurde.

Das so vorbehandelte Fleisch erneut mit kaltem Wasser waschen und anhaftende Salzreste entfernen – wenn das Pastirma besonders mild werden soll, dann legt man das Fleisch nun in eine Plastikwanne mit kaltem Wasser und lässt es über Nacht auswässern.

Das Fleisch wieder mit kaltem Wasser abspülen und mit sauberem Küchentuch trocknen. Nun in ein sauberes Küchentuch wickeln, zwischen

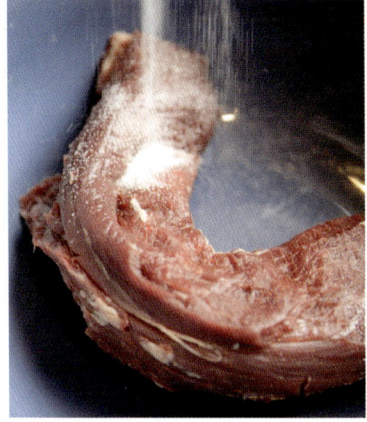

Fleisch parieren und einsalzen, danach pökeln lassen.

Das gepökelte und abgespülte Fleisch in Küchentuch wickeln, anschließend ...

... zwischen zwei Brettern pressen, verschnüren und reifen lassen.

Das fertig getrocknete Fleisch wird mit der Gewürzpaste ummantelt, in Küchentuch gewickelt und im Kühlschrank gelagert.

zwei Bretter klemmen und mit Schnüren zusammenbinden, sodass es von zwei Seiten zwischen den Brettern gepresst wird. Das Fleisch an einem kühlen, luftigen Ort ein bis vier Tage reifen lassen – üblicherweise geschieht das am Dachboden. Das Fleisch jeden Tag überprüfen: Es sollte sich leicht trocken, aber nicht hart anfühlen, dann ist es fertig.

Jetzt wird die **Würzpaste** zubereitet; früher hat man sie in einem großen Mörser gestampft, heute darf man auch eine Küchenmaschine nehmen. Zunächst die Knoblauchzehen pürieren, danach Paprika und Chili dazugeben. Bockshornkleesamen und Kreuzkümmel einarbeiten (wer mag, gibt auch Koriander oder Cayennepfeffer hinzu) und so viel Wasser dazugeben, dass die Mischung die Konsistenz von eher festem Kartoffelpüree hat (sie sollte jedenfalls so fest sein, dass man das Fleisch damit umhüllen kann). Zum Schluss die Paste kräftig salzen (sie sollte deutlich versalzen schmecken).

Das Fleisch dick und vollständig mit der Würzpaste ummanteln und erneut aufhängen – am besten an einem sonnigen, luftigen Ort (beispielsweise am Balkon – Achtung: Fliegenbefall durch Netz vermeiden). Wenn es sonnig ist, dann wird die Paste in drei Tagen angetrocknet sein, sonst kann es bis zu fünf Tage dauern – die Paste sollte fest sein, aber nicht vollständig abgetrocknet wirken, sondern sich eher weich und trocken anfühlen.

Das Fleisch in zwei saubere Tücher hüllen und – zur Geruchsvermeidung – in einen Plastikbeutel oder eine Wanne legen. Das fertige Pastirma darf nun noch einige Tage im Kühlschrank nachreifen, damit es das volle Gewürzaroma annehmen kann. Es ist nun jederzeit gebrauchsfertig … je länger es reifen darf, desto besser für den Geschmack. Die Gewürz-ummantelung vor dem Verzehr entfernen.

TIPP | **Dünn geschnitten schmeckt's am besten!**

Pastirma schmeckt dünn aufgeschnitten und mit ein bisschen Olivenöl beträufelt am besten, aber auch auf Rührei gehobelt oder mit Bohnen (Salat, Suppe, Eintopf etc.).

HINWEIS | **Pastirma und das Alter**

Im Orient wird Pastirma auch vollständig abgetrocknet angeboten, manche qualitativ hochwertigen Produkte sind drei Jahre alt und älter – das ist unter unseren klimatischen Bedingungen aber nicht zu empfehlen und außerdem entspricht es nicht unserem Geschmack. Obiges Rezept wird hingegen großen Anklang finden, denn das Fleisch ist aromatisch, nicht zu salzig, nicht zu trocken und wunderbar würzig.

Einfache Sucuk mit Lammfleisch
(Türkei)

Dies ist eine einfache Variante der berühmten türkischen Rohwurst, dennoch vermittelt sie den typischen Geschmack. Am besten man hängt sie zum Reifen und Trocknen in einen dafür vorgesehenen Raum, eine Biltong-Box oder auch eine Klima-Kammer.

Zutaten
3 kg mageres Rindfleisch
1,25-1,5 kg mageres Lammfleisch

Pro kg Fleisch
30 g Pökelsalz
3 g Traubenzucker
5 g schwarzer Pfeffer, frisch gemahlen
5 g Paprikapulver (scharf)
10 g Kreuzkümmel, frisch im Mörser gestoßen
10-15 g Knoblauch
2 g Piment
10 g Lammfett
0,12 g Starterkultur

Lamm-Sucuk – eine türkische Rohwurstspezialität

Zubereitung
Das gesamte Fleisch wird gut gekühlt, danach gewürfelt und mit der notwendigen Menge an Gewürzen vermischt. Das gesamte Material mit der 5-mm-Scheibe wolfen, in Därme für Rohwurst (am besten Kaliber 38 mm) füllen und anschließend bei 20 °C gut 72 Stunden reifen lassen. Danach die Wurst in einen kühleren Raum hängen und bei 16 °C bis zum gewünschten Grad abtrocknen lassen.

Pemmikan
(Grönland, Nordamerika)

Übliche Fleischsorten
Bison, Elch, Rotwild, heute auch Rind

Pemmikan (aus der Sprache der Cree-Indianer *pimîhkân*, das selbst von *pimî*, „Fett, Schmalz" abgeleitet wurde) ist eine Trockenfleischspezialität der Indianer Nordamerikas. Traditionelles Pemmikan besteht aus Bisonfleisch, es wurden aber auch häufig andere Tiere, wie Elch oder Hirsch, verwendet. Zur traditionellen Herstellung von Pemmikan wird das Fleisch zuerst in sehr dünne Streifen geschnitten und dann über einer kleinen Flamme oder in der Sonne vollständig getrocknet. Das getrocknete Fleisch wird dann mit

Steinen so lange geklopft, gestoßen und zerrieben, bis es beinahe eine pulverförmige Konsistenz hat. Anschließend wird das Fleischpulver mit etwa dem gleichen Teil Talg und Knochenmarksfett zu einer Paste vermischt.

Pemmikan ist sehr lange haltbar und diente den Indianern auf ihren ausgedehnten Kriegs- und Jagdzügen als gut transportierbare und energiereiche Nahrung. Die Siedler übernahmen das Pemmikan von den Indianern. Bis heute dient das nahrhafte Pemmikan vielen Expeditionen – vor allem in die Arktis und Antarktis oder ins Hochgebirge – als Notration.

Zutaten
1 kg dunkles Fleisch (Bison, Wild etc.)
250 g ausgelassener Rindertalg (400–500 g Rinderfett erhitzen und das Fett auslassen wie bei der Schmalzgewinnung - die Grammeln werden abgeseiht und gesalzen sofort genossen, das Fett dient zur Herstellung des Pemmikan)
Gewürze nach Wahl

Zubereitung
Zuerst das Fleisch trocknen: Hierfür sorgfältig alle Sehnen, Häute und Fett entfernen. Anschließend wird das Fleisch in sehr, sehr feine und dünne Streifen geschnitten.

ACHTUNG | **Quer zur Faser schneiden**

Um das spätere Zerstoßen zu erleichtern, sollte man das Fleisch quer zur Richtung der Muskelfasern schneiden.

Zum Trocknen wird das Fleisch traditionellerweise auf lange Spieße gehängt, mit einem etwa bleistiftdicken Abstand, – aber einfacher ist es, das Fleisch auf einen Rost oder ein Gitter zu legen und dieses bei 50–55 °C Umluft etwa 10–18 Stunden im Ofen zu trocknen, bis die letzte Feuchtigkeit aus dem Fleisch entwichen ist. Um ausreichende Luftzirkulation zu ermöglichen, muss man ein Holzstück in die Ofentür klemmen, damit die Luft entweichen kann.

Das Fleisch ist fertig, sobald man beim Zerkrümeln zwischen den Fingern keine Feuchtigkeit mehr bemerkt – es sollte also nur mit den Fingern gerieben werden können. Das Fleisch verliert beim Trocknen etwa 75 % seines Gewichts. Das derart getrocknete Fleisch zieht sofort Wasser an, weshalb es bis zur weiteren Verarbeitung sofort luftdicht in Einmachgläsern eingeschlossen werden muss.

Zur Herstellung des eigentlichen Pemmikan wird das vorgetrocknete Fleisch zunächst klein geschnitten und anschließend zu Pulver gemahlen, am besten mit einem Mörser und einem Stößel, wer es sich leicht machen will, der kann auch einen Mixer nehmen.

Das Pulver mit dem separat vorbereiteten Talg vermischen (z. B. mit einer Küchenmaschine oder, wenn es authentisch sein soll, auch per Hand). Das Mischungsverhältnis ist immer das Gleiche: drei Teile Fleischpulver und ein Teil Talg.

Die fertige Mischung wird der besseren Konservierung wegen stark gesalzen und kann zur Geschmacksverbesserung nach Belieben gewürzt werden; Amerikaner schwören darauf, auch gekörnte Brühe dazuzugeben, da ihrer Meinung nach das darin enthaltene Glutamat den Geschmack verbessere.

Pemmikan ist in dieser Form bei geeigneter Lagerung (gekühlt und luftig) bis zu zwei Jahre haltbar – noch bessere Haltbarkeit erzielt man, wenn man aus der Masse kleine Kugeln formt und diese mit Bienenwachs überzieht.

SUDSCHUCH
(Armenien)

Die Sudschuch ist eine Art Rindswurst und mit der türkischen Sucuk verwandt, aber nicht so intensiv gewürzt wie die türkische Variante. Allerdings braucht man für die armenische Version ein spezielles Holzgefäß, in dem die entstehende Fleischlake abtropfen kann (ein Steingutgefäß mit Gittereinsatz oder – noch besser – ein kleines Holzfass mit Löchern im Boden reichen aber auch).

Zutaten
3 kg mageres, fast fettfreies Rindfleisch

Pro kg Fleisch
25 g Meersalz
10 g Pökelsalz
Gewürze (Menge nach Geschmack): Knoblauch (je mehr, desto typischer), schwarzer Pfeffer (frisch gemahlen), Paprikapulver (mittelscharf) und Zimt
Darm für Rohwürste (mittleres Kaliber)

Zubereitung
Rindfleisch in kleine Würfel schneiden (in der Größe wie für Gulasch) und mit Meersalz und Pökelsalz vermischen. Das Fleisch in ein kleines Holzfass geben, in dessen Boden einige Löcher eingebohrt wurden (durch diese Löcher kann die entstehende Fleischlake abfließen). Das Fass mit dem Fleisch für einen Tag in einen 8–10 °C kühlen Raum stellen

(in den Ländern, wo diese Wurst traditionellerweise produziert wird, gibt es eigene Räume dafür) – in dieser Zeit reift das Fleisch und der

HINWEIS | Kleine Stücke gut beschweren

Bei großen Mengen wird das Fleisch durch den Eigendruck gepresst, bei kleineren Mengen empfiehlt es sich, das Fleisch mit einem Brettchen abzudecken und leicht zu beschweren.

Saft fließt ab.

Das wie oben beschrieben vorbereitete Fleisch wird nun in einer Wanne nochmals nachgesalzen und mit den Gewürzen (Menge und Verhältnis nach Geschmack und Belieben) vermengt – bitte mit Handschuhen arbeiten. Anschließend das gesamte Material entweder mit einem großen scharfen Messer sehr fein hacken (der Tradition gemäß) oder durch die 5er-Scheibe des Fleischwolfs drehen.

Die Fleischmasse anschließend in für Rohwurst geeignete Därme füllen und jede Wurst zwischen zwei Brettchen legen und dazwischen pressen; die Bretter fest mit Spagat verschnüren, dadurch erhält die Wurst ihre typische abgeflachte Form. Anschließend die Sudschuch zehn bis 15 Tage an einem geeigneten Ort zum Trocknen aufhängen (in Armenien geschieht das meist auf dem Dachboden). Zwischendurch den Spagat ein- oder zweimal nachspannen.

Die fertige Wurst kann im normalen Abhänge-Raum gelagert werden – oder man vakuumiert die Wurst und lagert sie an einem kühlen Ort.

Nicht nur Luftgeselchtes

Abgesehen von den berühmten italienischen Rohschinken und -würsten, denen wir ein eigenes Kapitel gewidmet haben, gibt es eine ganze Reihe von köstlichen Schinken-, Speck- und Wurstspezialitäten, die hervorragend schmecken und letztlich gar nicht einmal so schwierig herzustellen sind, wenn man die jeweils angegebenen Hinweise und Punkte beachtet.

In diesem Kapitel kommt auch immer wieder einmal das Kalträuchern zum Einsatz, das nicht immer nur der Geschmacksverbesserung dient, sondern in vielen Fällen auch den Sinn hat, das ungeliebte Ungeziefer (vor allem Fliegen) fernzuhalten.

Unter Kalträuchern versteht man – wie der Name schon sagt – das Räuchern in kaltem Rauch, wobei die Temperatur in der Räucherkammer niemals 28 °C übersteigen sollte. Es ist eine langwierige Methode, die aber vor allem in feuchten Regionen, aber auch Regionen mit reichem Insektenvorkommen durchaus sinnvoll ist – außerdem schmeckt es fantastisch! Wer sich näher mit diesem Thema auseinandersetzen möchte, dem sei einschlägige Literatur empfohlen, so z. B. der in der Praxis-Reihe im Stocker-Verlag erschienene Titel „Räuchern, Pökeln, Wursten".

Aber grundsätzlich gilt, dass man luftgetrocknete Spezialitäten nicht unbedingt räuchern sollte – denn der Rauch verfälscht auch das Aroma des ursprünglichen Materials. Puristen werden daher das Räuchern meiden, wo es nur möglich ist. Solche Puristen leben beispielsweise im Kärntner Gurktal, denn der hiesige erzeugte „Gurktaler Luftgeselchte" (gibt es z. B. in den Varianten Schinkenspeck, Seitenspeck, Osso Collo,

Karreespeck, Bauchspeck u. a.) wird nur mit einer speziellen Salz- und Gewürzmischung aromatisiert, ansonsten darf nur die frische Luft des Metnitztals sein Aroma beeinflussen.

Auch das berühmte Bündner Fleisch ist kein „Bündner Rauchfleisch", wie es oftmals fälschlicherweise genannt wird, sondern ein „luftge- selchter" Rinderschinken. Es gibt zwar auch in der Schweiz einen kalt- geräucherten Rinderschinken, aber als die Krönung der Tafel wird das möglichst naturbelassene Bündner Fleisch betrachtet.

Luftgetrockneter Schinken

Neben den italienischen und spanischen Klassikern, wie Prosciutto und Jamon, gibt es noch eine ganze Reihe anderer Möglichkeiten, die Schin- kenkeulen von Schweinen (oder anderen Tieren) luftgetrocknet reifen zu lassen. Es ist übrigens keineswegs unsportlich, wenn man sich mit dieser leichter und sicherer zu bewältigenden Version auseinandersetzt, bevor man sich an die hohe Schule des italienischen „Dry-Curing" – also der italienischen Machart der Lufttrocknung – heranwagt. Und das Ergebnis von nachfolgenden luftgetrockneten Rohschinken wird sich ebenso sehen lassen können.

Für die Herstellung von luftgetrocknetem Schinken nach dieser Mach- art nimmt man Schweinekeulen, die groß, aber nicht zu fett sind. Der Schinken wird so zugeschnitten, dass etwa 5 cm des Fußes an der Keule verbleiben und der Hüftknochen aus der Keule gelöst wurde, ohne dabei die Knochenhaut verletzt zu haben. Der Schinken wird zudem rund ge- schnitten, die Hüfte zu zwei Dritteln entfernt – wer darin nicht geübt ist, sollte sich eine vorbereitete Keule beim Fleischer oder Direktvermarkter seines Vertrauens besorgen. Die Röhrenknochen werden übrigens nicht ausgelöst.

Nach dem Zuschnitt kommt das Material wieder ins Kühlhaus und wird auf eine Kerntemperatur von mindestens +2 °C heruntergekühlt, weniger als –3 °C sollte sie auch nicht betragen. Schließlich das Fleisch mit einem Holzschlägel weichklopfen – nicht zu fest, das Fleisch soll nur geklopft, nicht aber zermatscht werden!

Nach der Vorbereitung kommt das Fleisch zum Pökeln in einen sauberen, dafür geeigneten Raum mit einer Temperatur zwischen 0 und +2 °C und einer relativen Luftfeuchtigkeit von konstanten 80 %. Die Schinkenkeulen werden je Kilogramm Gewicht mit 30 bis 40 g Nitritpökelsalz eingerie- ben und anschließend mit der Hautseite nach unten nebeneinander auf Roste gelegt, wobei ein Überschichten unbedingt zu vermeiden ist. Die

Bild linke Seite: Fertig getrockneter Rohschinken

Pökeldauer beträgt mindestens 25 Tage, bei besonders großen Keulen 30 oder sogar 35 Tage.

Am zwölften Tag müssen die Schinkenkeulen mit kaltem Wasser abgewaschen werden, um das anhaftende Salz zu entfernen. Anschließend werden die Keulen erneut mit Nitritpökelsalz eingerieben und wieder im Pökelraum auf Rosten gelagert. Die Schinken müssen ständig kontrolliert werden – bei großen Keulen, die eine besonders lange Pökeldauer brauchen, muss der Vorgang noch einmal wiederholt werden.

Nach der Pökelung werden die Schinken üblicherweise gepresst, wodurch sie ihre typische gitarrenförmige Optik erhalten. Wenn keine Presse zur Verfügung steht, können die Schinken auch per Hand oder mit einem Nudelwalker ausgewalzt werden – was zwar mühsamer ist, für das Fleisch aber wesentlich schonender. Diese Methode wird daher sogar zu einem noch besseren Ergebnis führen. Das Auswalzen geschieht von der Haxe (Eisbein) in Richtung Hüfte, wobei das eventuell noch in der Keule vorhandene Blut durch die Hauptschlagader aus dem Schinken herausgedrückt wird.

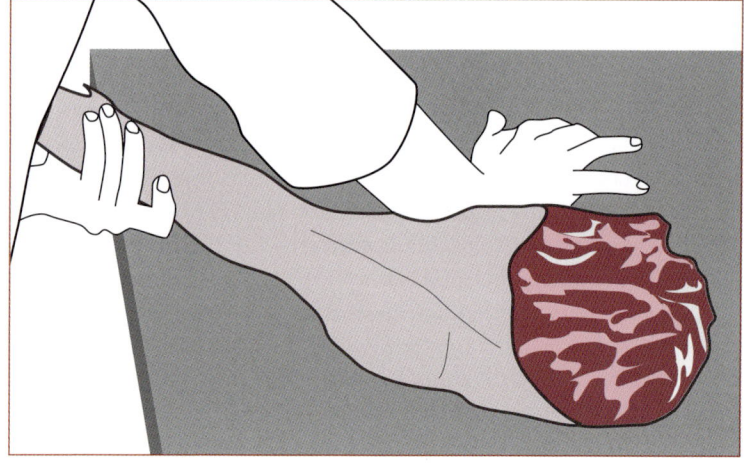

Das Pressen per Hand erfolgt vom Eisbein zur Hüfte, damit eventuell noch vorhandenes Blut aus dem Schinken herausgedrückt wird.

Nach der Beendigung des Pökelvorganges werden die Schinken bei einer Temperatur von 20–23 °C so lange getrocknet, bis sie einen leichten Trockenrand entwickeln. Danach sind sie bereit für die eigentliche Reife.

Damit die Keulen während der Reife nicht zu schnell und zu stark austrocknen, werden die sichtbaren Magerteile (Fleisch) außen mit einer Schmalzmischung beschichtet – das ist die typische weiße Schutzschicht, die dieser beliebten Fleischware ihre optische Charakteristik verleiht. Für diese Schmalzmischung wird pro Kilogramm Schmalz 20 g Nitritpökelsalz, 12–20 g frisch gemahlener Pfeffer (weiß oder schwarz) und, wenn gewünscht, auch noch Knoblauch dazugegeben.

Die mageren Fleischteile gut 0,5–1 cm dick mit dieser Schmalzmischung versiegeln – dann sind die Keulen bereit, um zum Trocknen aufgehängt zu werden. Das Raumklima, in dem die Schinken nun reifen, sollte anfänglich zwischen +8 und +12 °C bei einer relativen Luftfeuchtigkeit von 60 bis 70 % betragen; später können sie dann umgehängt werden und bei einem Raumklima von konstant 12 °C bei 75–80 % Luftfeuchtigkeit fertig reifen. Mindestens neun bis zwölf Monate, besser aber 14 bis 20 Monate sollten die Keulen Zeit bekommen, um ihr wunderbares Aroma zu entfalten.

Auch wenn Knochenschinken heute üblicherweise ausgelöst verkauft wird, so empfiehlt sich das dennoch nicht wirklich, denn die Keule sorgt dafür, dass der Schinken saftig bleibt – nichts geht über per Hand aufgeschnittenen Schinken, der mit einem langen, scharfen Messer direkt von der in einen Schinkenspanner eingespannten Keule heruntergeschnitten wurde!

GURKTALER LUFTGESELCHTER

Eine sehr ursprüngliche und traditionelle Form der Schinkenproduktion wird im Kärntner Gurktal gepflegt und ist als „Gurktaler Luftgeselchter" in der Feinschmecker Munde. Kein Rauch verfälscht das herrliche Aroma dieses naturbelassenen Schinkens, mit dem eigentlich nichts gemacht wird, außer, dass er eine schonenden Pökelung erfährt, bevor er an der frischen Kärntner Bergluft reifen darf. Jeder Produzent von Gurktaler Speck hat sein eigenes Rezept, die einen ziehen eine Trockenpökelung vor, andere eine Trocken-Nass-Pökelung (die hier für den Hausgebrauch empfohlen sei) und die Dritten schwören auf eine Nasspökelung. Und auch die Rezeptur der Kräuter und Gewürze, die der Pökellake zugefügt werden, sind Geheimnis eines jeden Betriebes. Eine gängige Version sei im Folgenden angeführt.

Fleisch

Im Grunde kann jedes Teilstück vom Schwein, das für Luftgeselchtes geeignet ist, verwendet werden; üblich sind Schinken- und Schinkenspeck (aus der Oberkeule), Karreespeck, Karreespeck „original" (mit anhaftendem Rückenspeck – besonders fein und erlesen) und natürlich der Bauchspeck, aber auch Osso Collo und der sogenannte Seitenspeck (aus Rücken und Bauch) sind sehr beliebt.

Pökeln

Für den Hausgebrauch oder nicht allzu große Mengen bietet sich hier die Trocken-Nass-Pökelung an, wenngleich das Ergebnis mit der her-

kömmlichen Trockenpökelung besonders gut wird. Manche Produzenten schwören auch auf Nasspökelung; wir empfehlen aber eine der ersten beiden Methoden.

Sechs Stück Bauchspeck, regelmäßig zugeschnitten, jeweils ca. 2 kg schwer (Bauchspeck lässt sich besonders gut stapeln und ist deshalb gerade für die Trockenpökelung ideal geeignet – wird Schinken- oder Karreespeck bevorzugt, man sollte sich überlegen, ob nicht die Trocken-Nass-Pökelung leichter umsetzbar ist).

Zutaten pro kg Fleisch
25 g grobes Meersalz
10 g Nitritpökelsalz
1 TL Pfefferkörner
etwas Zucker, wenn erwünscht

Gewürze nach Geschmack und Belieben
frische Knoblauchzehen, grob gehackt
Wacholderbeeren, leicht angestoßen
Koriander, Nelken, Senfsaat, Lorbeerblätter
frische Kräuter, wie Rosmarin, Salbei, Speick -
der Fantasie sind kaum Grenzen gesetzt

Das Fleisch mit Schnüren versehen, die ein späteres Aufhängen ermöglichen.

Zubereitung
Salz, Nitritpökelsalz, Pfeffer und etwas Zucker mischen und das Fleisch damit gründlich rundherum einreiben. Wichtig: Es muss die gesamte berechnete Menge an Salz verbraucht werden!

Das Fleisch mit der Schwartenseite nach unten in eine Plastikwanne schichten und alles locker mit einem Deckel versehen, der das Fleisch aber nicht hermetisch abriegelt, sondern nur locker aufliegt. Den Deckel leicht beschweren.

HINWEIS | **Kleinere Mengen beschweren**

Idealerweise ist das Fleisch so zugeschnitten, dass es in zwei Lagen einmal den Boden der Wanne ziemlich genau ausfüllt und die zweite Lage die erste Lage abdeckt – je größer die Menge, desto besser, weil dann die oberen Lagen durch den Eigendruck die unteren Lagen beschweren). Bei weniger Fleisch muss mit einem Brett und einem Gewicht beschwert werden.

Bild linke Seite: Luftgetrockneter Schinken ist eine reine Gaumenfreude.

*Salz mit Gewürzen
vermischen und …*

*… das Fleisch zuerst auf der
Fleischseite, danach …*

*… auch auf der Schwartenseite
gründlich damit einreiben.*

*Noch einmal die Fleisch-
seite nachwürzen, dann …*

*… das Fleisch mit der Schwarten-
seite nach unten in die Pökelwan-
ne legen, …*

*… wo es 40–60 Tage bei 5 °C pö-
keln soll, bevor es zum Trocknen
aufgehängt wird.*

*Bild rechte Seite:
Gurktaler Luftgeselchter –
genussfertig*

Das Fleisch wird nun – je nach Größe der Stücke – zwischen 30 und 50 Tagen bei optimalerweise 5 °C gepökelt. Alle zwei Tage muss das Fleisch so umgeschichtet werden, dass die unteren Fleischteile nach oben kommen und umgekehrt.

Nach der Pökelung wird das Fleisch nur mehr zum Trocknen in einem geeigneten und dafür vorgesehenen Raum aufgehängt. Man kann

dafür beispielsweise eine kleine Kammer mit Holz auskleiden und mit einem kleinen Ventilator versehen, der die beim Abtrocknen entstehende Feuchtigkeit nach außen befördert. Das Fleisch stellt keine besonders hohen Ansprüche, doch die Umgebungsluft sollte möglichst frisch und sauber sein – ein Raumklima von ca. 15 °C wäre wünschenswert, wärmer als 20 °C sollte es jedoch nicht sein. Nach drei bis sechs Monaten ist der Schinken dann verzehrfertig.

URI/TIIRS
(Schweiz)

Übliche Fleischsorten
Rind, Schweinespeck und -schinken, Ziege, Wild

Das Wort „Tiirs" stammt aus dem Urnerischen und bedeutet nichts anderes als luftgetrocknetes Fleisch, das auch unter „tiigets" bekannt ist. Der Urner Bergbauer versorgt sich seit jeher weitgehend selbst und daher wurde im Herbst in jeder Bauernfamilie nicht nur gejagtes Wild, sondern auch ein dafür bestimmtes Schwein, ein Schaf und/oder eine Ziege geschlachtet. Meistens teilte man sich mit dem Nachbarn auch noch eine Kuh.

Das Fleisch für Tiirs wird entweder frisch gekocht, gesalzen, getrocknet oder auch geräuchert (Graeicherets) für den Winter haltbar gemacht. Noch heute wird Tiirs nach seit Jahrhunderten überlieferten Rezepten hergestellt. Die tägliche Speise der Bergbauern ist allerdings außerhalb der Region in der Zwischenzeit zu einem teuren Luxusgut geworden und daher im Preis stark angestiegen. Das bekannteste Produkt dieser Machart ist sicherlich das Bündner Fleisch.

Zutaten für 10 Stücke Fleisch von jeweils idealerweise 1,5-1,8 kg Gewicht
250-300 g Salz
5 g Salpeter
10 g Zucker
5 g Pfeffer
außerdem Gewürze - Auswahl und Menge je nach persönlichem Geschmack: Nelken, Wacholderbeeren, Koriandersamen, Knoblauch, gehackt, Lorbeerblätter und Zimtstangen

Zubereitung
Die einzelnen Fleischstücke von ca. 2 kg mit einer Schnur zum Aufhängen versehen und mit der Salzmischung kräftig einreiben. Die eingesalzenen Fleischstücke möglichst dicht aneinander gedrängt in eine saubere

Holzstande füllen. Zwischen die einzelnen Stücke eine beliebige Gewürzmischung streuen – als Standard gilt eine Mischung aus Nelken, Wacholderbeeren, Koriandersamen, Knoblauch, Zimtstangen und Lorbeerblättern. Puristen sind der Ansicht, dass nicht zu viel gewürzt werden sollte – weniger ist mehr!

Die Fleischstücke nun wenigstens 14 Tage, maximal aber drei Wochen in dieser Salzlake reifen lassen, dabei die Fleischteile alle ein bis zwei Tage umpacken, sodass die unteren oben und die oberen unten zu liegen kommen.

Nach dem Salzen das Fleisch mit handwarmem Wasser abwaschen und zum Trocknen aufhängen. Die einzelnen Stücke müssen frei hängen, sie dürfen sich nicht berühren. Idealerweise beträgt die Trockentemperatur 10–12 °C bei einer Luftfeuchtigkeit von 72–75 %. Das Fleisch muss nun mindestens drei Monate, bestenfalls aber sechs Monate trocknen, wobei kleinere Fleischteile bereits nach zwei Monaten abgetrocknet sein können, größere mitunter auch etwas länger brauchen.

Das fertige Fleisch wird dünn aufgeschnitten mit Almbutter und knusprigem Bauernbrot genossen.

TIPP | Die Auswahl der Fleisches

Vom Wildbret – Hirsch, Reh etc. – schmeckt diese Köstlichkeit besonders gut … und aus Pferdefleisch ist sie sowieso eine bekannte Delikatesse, die unter der Bezeichnung Bresaola bekannt ist; allerdings wird aufgrund eines größeren Marktes auch die traditionelle Bresaola nur mehr selten aus Pferdefleisch hergestellt, sondern zumeist aus Rind.

Durch Trocknen haltbar gemachtes Tiirs ist heutzutage eine Spezialität.

RINDERROHSCHINKEN

Rinderrohschinken wird immer mit einer Trockenbeize hergestellt, die sich wie folgt zusammensetzt.

Zutaten pro kg Fleisch

Pökelsalz oder – besser – Natrivit Pökelstoff (WIBERG) – Menge pro kg nach Packungsanweisung (üblicherweise berechnet man ca. 20–30 g/kg Fleisch)
15–20 g Rohrzucker
20–30 g Knoblauchzehen, gepresst
Gewürze nach Belieben – z. B. 20–25 g folgender Mischung: Wacholder, Koriander, Senfsaat, Kümmel, Pfeffer, Lorbeerblatt – alles grob gestoßen und zu gleichen Teilen
Nach Belieben auch noch Kräuter, wobei sich Rosmarin und Thymian besonders empfehlen.

Zubereitung

Es werden ausschließlich sehr magere und vollkommen fettfreie Fleischteile verwendet, die vorzugsweise von der oberen Keule stammen. Die Fleischstücke sollten gleichmäßig groß sein und zwischen 1,25 und maximal 1,5 kg wiegen. Vor dem Pökeln werden die Fleischteile mit einer Schnur zum Aufhängen versehen.

Die notwendige Menge an Trockenbeize herstellen (Fleisch zuvor abwiegen) und die Fleischstücke sehr großzügig mit der Trockenbeize einreiben. Danach die Fleischstücke in eine Wanne schichten und bei einer Temperatur von 6–8 °C beizen – dabei alle ein bis zwei Tage umschichten, sodass die unteren Fleischstücke nach oben kommen und umgekehrt. Das Fleisch bleibt insgesamt mindestens 14 Tage in der Beize, maximal aber 21 Tage.

Bündner Fleisch schmeckt hauchdünn aufgeschnitten am besten.

Nach dem Beizvorgang wird der Rinderrohschinken bei einer Temperatur von 12–15 °C fünf Tage luftgetrocknet. Anschließend hängt man die Schinkenkeulen zur Geschmacksverfeinerung in die Selch, wo sie fünf bis acht Stunden (je nach Größe der Keulen) bei maximal 15 °C kaltgeräuchert werden.

Nach dem Räuchern hängt man die Schinkenstücke an einem luftigen, trockenen und sauberen Ort auf, wo sie in ein bis drei Monaten (je nach Größe) ihre letzte Reife erfahren.

Wichtig ist hier das Vermeiden von zu viel Luftzug, denn wenn die Rinderschinken zu großem Luftzug ausgesetzt werden oder an zu trockener Luft reifen (ideal ist eine Luftfeuchtigkeit von 75 %), so trocknen sie außen zu schnell ab. Es entsteht eine trockene Haut, der Schinken schrumpft zusammen und kann von innen nicht mehr richtig reifen, wodurch er einen säuerlich-salzigen Geschmack erhält.

HINWEIS | Je nach Geschmack

Der oben angesprochene säuerlich-salzige Geschmack kann auch erwünscht sein – wenn dem so ist, dann sollte man den Schinken bei 60 % Luftfeuchtigkeit mit starker Zugluft reifen lassen.

TIPP | Mit Fleischsorten experimentieren

Auf die gleiche Weise kann man auch Wildschinken oder Pferdeschinken herstellen.

LUFTGETROCKNETER AQUAVIT-RINDERSCHINKEN

Zutaten
5 Stück magere, möglichst fettfreie Rinderschinkenstücke
aus der Keule, jeweils 1 kg schwer
Gewürzmischung
250 g Meersalz
2-3 TL Cayennepfeffer
2-3 EL schwarzer Pfeffer, geschrotet
40-50 Wacholderbeeren, gestoßen
12 Lorbeerblätter
250 ml Aquavit (oder Kümmelschnaps)

Zubereitung
Das Fleisch wird unter fließendem, kaltem Wasser abgespült, danach trockengetupft und gleichmäßig mit der Gewürzmischung eingerieben.

Mit Aquavit oder Kümmelschnaps gebeizter und getrockneter Rinderrohschinken.

Die Gewürze kräftig einmassieren. Das Fleisch in ein ausreichend großes Steingutgefäß schichten, Wacholder und zerbrochenen Lorbeer darüber verteilen und mit dem Schnaps übergießen. Mit einem Brett abdecken, dieses beschweren und an einem kühlen Ort 14 Tage reifen lassen, wobei das Fleisch täglich gewendet und umgeschichtet werden sollte.

Nach dem Beizen wird das Fleisch gut abgetrocknet und mit Mulltuch (oder -binde) eingehüllt. Fleischstücke mit Haken oder Schnüren versehen und zum Trocknen an einem trockenen, luftigen Ort aufhängen (beispielsweise Dachboden), wo sie zwei bis drei Monate reifen dürfen.

Osso Collo mit Wacholder

Bevor wir zu einer der edelsten Delikatessen kommen, muss an dieser Stelle darauf hingewiesen werden, dass man den Osso Collo – abgesehen von der italienischen Variante, wo das Folgende sowieso Pflicht ist – auch in dieser Version aus dem Nordalpengebiet ausschließlich aus dem Fleisch von Naturrassen, die zudem artgerecht gehalten wurden, herstellen kann – alles andere wird entweder nicht funktionieren oder nicht schmecken! Die Tiere müssen weiters ausgewachsen gewesen sein, zu junge Tiere liefern nicht das richtige Fleisch. Außerdem kann man guten Osso Collo nur in der kalten Jahreszeit herstellen. Beachtet man diese drei Punkte, wird dem Genuss kaum etwas im Wege stehen.

Zutaten für jeweils 1 kg Fleisch
25–30 g Meersalz
0,3 g Salpeter
5–10 g Zucker
5 g Pfeffer

0,5 g Ascorbat
6-12 Wacholderbeeren, grob gestoßen
25 g Knoblauch, gehackt
Nelken, Lorbeerblätter, wenn gewünscht
auch einige Pimentkörner

Weiters braucht man pro Osso Collo einen Bimmerling – das ist der Blinddarm vom Rind. In Ermangelung des Bimmerlings kann man auch einen Kunst-Schopfdarm (Naturin) verwenden, doch diesen muss man mit Stecknadeln mehrmals anstechen, was beim Naturdarm nicht notwendig ist.

Zubereitung

Pro Osso Collo ein ausgewähltes Schopfstück (je größer, desto besser) von einem ausgewachsenen Schwein einer guten Naturrasse (besonders zu empfehlen: Turopolje und Mangalitza), das artgerecht gehalten wurde – das Fleisch sollte schön marmoriert sein.

Die notwendige Menge an Trockenbeize herstellen (Fleisch zuvor abwiegen) und die Fleischstücke sehr großzügig mit der Trockenbeize einreiben. Danach die Fleischstücke in eine Wanne schichten und zwischen die einzelnen Fleischstücke großzügig die Gewürze verteilen. Danach das Fleisch bei einer Temperatur von 6–8 °C beizen – dabei alle ein bis zwei Tage umpacken, sodass die unteren Fleischstücke nach oben kommen und umgekehrt. Das Fleisch bleibt insgesamt mindestens 14 Tage in der Beize, maximal aber 21 Tage.

Nach dem Salzen das Fleisch mit handwarmem Wasser abwaschen, in den Bimmerling stopfen und wie eine Wurst abbinden, zudem mit einem Spagat alle 2 cm fest verschnüren. Dann den Osso Collo zum Trocknen aufhängen. Die einzelnen Stücke müssen frei hängen, sie dürfen sich nicht berühren. Idealerweise beträgt die Trockentemperatur 10–12 °C bei einer Luftfeuchtigkeit von 72–75 %. Der Reiferaum sollte außerdem nicht zu luftig sein und möglichst keinen Durchzug haben.

Das Fleisch muss nun mindestens zwei bis drei Monate trocknen, wobei kleinere Fleischteile bereits nach zwei Monaten abgetrocknet sein können, größere brauchen mitunter auch etwas länger.

> **HINWEIS** | **Reifung im Vakuum-Beutel**
>
> In Ermangelung eines ausreichenden Platzangebotes kann man das Fleisch auch im Vakuum-Beutel reifen lassen – dazu wird das Fleisch wie gehabt gepökelt, aber nur mit 10–15 g Gewürzen pro kg Fleisch eingerieben, danach, im Vakuum verschweißt, gut drei Wochen im Kühlschrank gebeizt.

LUFTGETROCKNETE ENTENBRUST

Weil Entenbrüste relativ kleine Fleischstücke sind, können sie im Grunde genommen fast wie Biltong behandelt werden und sind in wenigen Tagen an der Luft fertig gereift. Allerdings ist es nicht wirklich sinnvoll (und auch optisch nicht besonders ansprechend), wenn man die Entenbrust einfach mit einem Haken durchbohrt (wie man das beim rustikalen Biltong handhabt), um sie aufzuhängen. Daher wird sie an mehreren Stellen mit einem Garn umwickelt und an diesem aufgehängt – das Garn hat weiter den Vorteil, dass die Brust in einer schönen Form bleibt.

Zutaten

12 Entenbrüste (sauber pariert, ohne Sehnen, Häutchen etc.)
125 g Wacholderbeeren
100 g getrockneter Rosmarin
3-4 Lorbeerblätter
100 g Pfefferkörner
2,5-3 kg grobes Meersalz
Außerdem:
Portwein zum Abwaschen
Mulltücher oder Etamine (Passiertücher), ersatzweise auch ein
sauberes Küchentuch
eine ausreichend große Plastikbox
Wurst- oder Küchengarn

Zubereitung

Wacholderbeeren, Rosmarin, Lorbeerblätter und Pfefferkörner (für einen intensiveren Geschmack kann auch mehr als die angegebene Menge verwendet werden) in einem ausreichend großen Mörser grob zerstoßen, danach mit dem groben Salz vermischen.

Eine ausreichend große Plastikbox (sie muss alle Entenbrüste und die gesamte Salzmischung fassen können) mit ein wenig von der Salzmischung ausstreuen. Die Entenbrüste mit einer dicken Schicht Salzmischung überziehen und mit der Haut nach unten in die Box legen – wenn der Boden mit Entenbrüsten bedeckt ist, Salz auffüllen, dann die nächste Lage Entenbrüste einschichten. Alles mit der restlichen Salzmischung abdecken, verschließen und 24 Stunden im Kühlschrank pökeln lassen.

Entenbrüste aus dem Pökelsalz nehmen und erst das überschüssige Salz mit Wasser abwaschen, dann das Fleisch mit Portwein abspülen. Die Entenbrüste einzeln in Mulltücher oder Passiertücher wickeln und anschließend an mehreren Stellen mit Küchengarn umbinden – oben eine Schlaufe am Garn befestigen. Die Entenbrüste wiegen und mit dem

Bild linke Seite: Nur ausgewachsene Tiere liefern das richtige Fleisch für ein geschmackvolles Osso Collo.

Die Entenbrust mit der Salzmischung 24 Stunden im Kühlschrank pökeln lassen.

Das Fleisch ist nach 7 bis 8 Tagen fertig abgetrocknet.

Dünn aufgeschnitten schmeckt die luftgetrocknete Entenbrust am besten.

Ausgangsgewicht versehen eine Woche an einem kühlen, luftigen Platz zum Trocknen aufhängen.

Nach sieben bis acht Tagen (je nach Größe der Brüste) ist das Fleisch fertig abgetrocknet (es sollte 30 % des Gewichts verloren haben). Fleisch aus den Tüchern wickeln und vakuumiert im Kühlschrank bis zum Verzehr lagern.

VARIANTEN

Die Entenbrüstchen nur mit Thymian würzen oder auch mit einer Mischung aus Orangenschalen, zerstoßenen Zimtstangen, Sternanis, Fenchel und Pfeffer aromatisieren.

Etwas Salpeter oder Nitritpökelsalz beim Pökeln hinzugeben, um das Umröten zu verstärken.

Statt der Entenbrust kann man auf diese Weise auch Gänsebrüstchen, Kaninchenfilet etc. trocknen.

LUFTGETROCKNETES SCHWEINEFILET MIT PAPRIKA

Dieses Rezept lehnt sich an den spanischen Lomo an, das mit Paprika recht pikant gewürzte getrocknete Schweinefilet. Die Rezeptur wurde so umgearbeitet, dass sie auch für den Hausgebrauch praktikabel umsetzbar ist und dennoch geschmacklich dem spanischen Original recht nahe kommt.

Zutaten

6 sauber parierte, möglichst große Schweinefilets von jeweils ca. 1 kg Gewicht (ohne Fett, Silberhaut und Kette)
1,2 kg Meersalz
500-600 g feiner brauner Rohrzucker
120-150 g Pimentón de la Vera (geräuchertes Paprikapulver - die scharfe Variante)
Pimentón zum Bestäuben
wahlweise 2-4 EL Knoblauchpulver und/oder 2-4 EL getrockneten Oregano oder 1 EL frisch gestoßene Kreuzkümmelsamen
außerdem eine ausreichend große Plastikbox und Wurst- oder Küchengarn

Zubereitung

Für die Pökelmischung Salz, Zucker und Pimentón vermischen. Die sauber parierten Schweinefilets in der Mischung wälzen, sodass sie komplett damit überzogen sind. Danach die Plastikbox mit der Pökelmischung ausstreuen, die Filets hineinschichten und mit der restlichen Pökelmischung bedecken. Zugedeckt drei Tage im Kühlschrank pökeln lassen. (Sind die Filets sehr klein, reichen auch zwei Tage; will man einen intensiven Geschmack, kann man auch fünf Tage pökeln, in diesem Fall nach der Hälfte der Zeit umschichten.)

Schweinefilets aus der Pökelmischung heben und mit handwarmem Wasser abspülen, danach trocknen und mit frischem Pimentón bestreuen. Filets an fünf Stellen mit Küchengarn umwickeln und wiegen (mit dem Gewicht versehen etikettieren).

Schweinefilets an einem kühlen, luftigen Ort zum Trocknen aufhängen, dabei möglichst täglich kontrollieren. Wenn sie 30 % ihres Gewichts verloren haben, sind sie fertig und können entweder gleich verzehrt werden oder vakuumiert im Kühlschrank für eine spätere Verwendung gelagert werden.

Luftgetrocknete Rohwürste

Zur Vervollständigung sollen in diesem Kapitel einige Rohwürste vorgestellt werden, die relativ einfach – mit oder ohne Kaltrauch – hergestellt werden können.

In vielen Rezepten kommen hier sogenannte „Starterkulturen" (die sind bei jedem besseren Gewürzlieferanten bzw. Fleischereibedarfshandel erhältlich – z. B. WIBERG – und werden meist in gefriergetrockneter Pulverform angeboten) zum Einsatz. Darunter versteht man spezielle, vermehrungsfähige Mikroorganismen, die aufgrund ihrer speziellen Eigenschaften selektiert wurden und vor allem bei fermentativen Prozessen zum Einsatz kommen, um die spätere Wurstware in Geschmack, Aussehen und Haltbarkeit zu verbessern. Meist werden Milchsäurebakterien oder Hefen verwendet. Ihren Namen haben die „Starterkulturen" daher, dass besagte Mikroorganismen den Veränderungsprozess (Fermentation) des jeweiligen Lebensmittels in Gang setzen.

In früheren Zeiten wurden fast alle Wurstsorten der sogenannten Naturreife unterzogen – damit beschäftigt sich dann vor allem das Kapitel „Italienische Salumi". Die Naturreife ist aber nicht nur sehr zeitraubend, sondern stellt auch ein relativ hohes Risiko bei der Wurstherstellung dar, weshalb sie vor allem im professionellen (Fleischer/Metzger/Industrie) und semiprofessionellen (Direktvermarkter etc.) Einsatz durch moderne Verfahren und Technologien ersetzt wurde.

Früher wurden zudem fast alle luftgetrockneten Wurstsorten mit dem Fleischwolf faschiert, aber auch da hat die Moderne Einzug in die Technologie gehalten, denn durch das Nutzen eines Tiefkühlgerätes kann man die Zerkleinerung des Materials auf den Cutter verlegen, was Mühen und Zeit spart. Vor allem wenn man große und größere Mengen zu verarbeiten hat, kann das von elementarer Bedeutung sein. Wir stellen hier Wurstsorten vor, bei denen beide Verfahren zur Anwendung kommen.

Generell sind folgende Punkte bei der Herstellung von Rohwürsten von Bedeutung und daher unbedingt zu beachten:

1. Das für die Rohwurstherstellung bestimmte Fleischmaterial sollte einen pH-Wert von 5,4 bis 5,6 aufweisen – ist der pH-Wert höher, ist das Fleisch für die Wurstproduktion nicht mehr geeignet.
2. Das Fleisch sollte mager bis mäßig durchwachsen und vor allem trocken sein. Am besten eignet sich das Fleisch von Kühen und Sauen.

> **ACHTUNG** | **Sorgfältige Auswahl des Fleisches!**
>
> Sowohl bei der Auswahl des Fleisches wie auch bei der des Specks ist große Sorgfalt geboten, denn nur Fleisch von ausgewachsenen Tieren (Rind ab 24 Monaten, Schwein mindestens zehn bis zwölf Monate, Schaf mindestens sechs bis zehn Monate) darf Verwendung finden.

3. Beim Sortieren des Fleisches sollte man das sogenannte „weiche Fett", welches sich innen und zwischen den Fleischteilen befindet, komplett herausschneiden. Außerdem: Je kleiner die Fleischstücke vorher zusammengeschnitten wurden, umso weniger wird beim Faschieren „verschmieren", was das Ergebnis besser macht!
4. Bei der Herstellung ist unbedingt darauf zu achten, dass das Rohmaterial (Speck und Fleisch) vorher intensiv gekühlt wurde – bei schnittfester Rohwurst (z. B. Salami) sollte es sogar tiefgekühlt werden.
5. Auch der Speck muss von einwandfreier Qualität sein – am besten wird nur Rückenspeck verwendet. Flomen sollte nur in grobkörnigen Wurstwaren enthalten sein.
6. Früher hat man Dauerwürste fast ausschließlich in der kalten Jahreszeit hergestellt – mit der modernen Technologie der Klimaräume kann man sie (sofern man über einen derartigen Klimaraum verfügt) mittlerweile ganzjährig herstellen.
7. Um die Haltbarkeit der Dauerwürste zu gewährleisten, muss mehr Salz zugegeben werden als bei anderen Wurstsorten. Früher hat man bis zu 38 g Salz auf ein Kilogramm Fleisch berechnet, es reicht aber auch weniger. Der Wert von 28 g je kg Wurst sollte aufgrund der Haltbarkeit dennoch nicht unterschritten werden. In der warmen Jahreszeit sollte außerdem eher mehr, in der kalten Jahreszeit eher weniger gesalzen werden.

8. Naturdärme, die für die Rohwurstherstellung bestimmt sind, müssen vollkommen fettfrei sein. Wer wenig Übung im Umgang mit Naturdärmen besitzt, sollte auf „Kunstdärme für die Rohwurstherstellung" zurückgreifen – es gibt sie in vielen Ausführungen für fast alle Wurstsorten.

9. Der Fleischwolf leistet gute Dienste bei der Produktion grobkörniger Wurstwaren, soll die Wurst ein feines Schnittbild aufweisen, so empfiehlt sich die Verwendung eines Cutters. Sollte der Cutter über keine ausreichende Kühlfunktion verfügen, so muss das Material zwischenzeitlich aus dem Cutter genommen und zwei Stunden durchgekühlt werden, bevor man es fertig zerkleinert.

   Wird mit dem Fleischwolf gearbeitet, müssen Fleisch und Speck auf etwa Gefrierpunkt temperiert worden sein. Speck darf übrigens niemals alleine durch den Wolf gemahlen werden, sondern immer nur mit dem Fleisch vermischt – andernfalls würde er nur verschmieren. Arbeitet man mit dem Cutter, werden zwei Teile Fleisch und Speck im gefrorenem Zustand verarbeitet, ein Teil muss frisch zermahlen werden, um die Bindung zu gewährleisten – aber erst dann, wenn die gewünschte Körnung der Wurst erreicht worden ist. Bei dieser Art sollte die Wurstmassentemperatur nicht mehr als 1–2 °C betragen.

10. Noch ein Wort zum Speck: Um ein besonders gutes Ergebnis zu erzielen, ist es ratsam, den Speck weder zu wolfen noch zu cuttern, sondern – wie früher – mit einem scharfen Messer sehr kleinwürfelig zu schneiden. Die Speckwürfel werden dann dem mageren, faschierten Fleisch untergemischt.

11. Die während der Reifung einsetzende Umrötung ist darauf zurückzuführen, dass Salpeter oder Nitrit zu Stickoxid abgebaut werden, das dann letztlich dafür sorgt, dass die Wurst nicht grau wird. Bei der Salpeterzugabe ist zu berücksichtigen, dass der Salpeter in der Rohwurst nur durch Bakterien in Nitrit umgewandelt wird, weshalb es unbedingt erforderlich ist, den salpeterabbauenden Bakterien in der Umrötungsphase eine ausreichende Entwicklungsmöglichkeit zu geben: Hier hat sich der Zusatz von Kohlenhydraten (Trockenstärkesirup, Dextrose, Rohrzucker etc.) als vorteilhaft erwiesen. Dieser Kohlenhydratzusatz ist aber wohldosiert vorzunehmen, denn ein Zuviel davon könnte zu einer übermäßigen Säurebildung in der Wurstware führen. Als allgemeingültige Faustformel hat sich ein Zusatz von 0,2–0,3 % Kohlenhydrate als sinnvoll erwiesen. Besonders gute Dienste leistet hier Rohrzucker.

12. Bei der Reifung – dem bedeutendsten Teil der Rohwurstherstellung – sind insbesondere Temperatur, relative Luftfeuchtigkeit und Luftumwälzung zu beachten. Die Temperatur bei der Reifung beträgt idealerweise 18–20 °C. Einer der Hauptfaktoren für eine ausreichende

Konservierung ist aber die ungestörte Feuchtigkeitsabgabe aus dem Wurstgut. Durch entsprechende Regulierung der Luftfeuchtigkeit sollen die Würste in den ersten drei Tagen der Fertigung – das ist die eigentliche „Reifezeit" – mindestens 5 % ihres Gewichts verlieren; danach ist die Gefahr von bakteriell bedingten Schäden ziemlich ausgeschlossen. An den ersten Tagen sollte die Luftfeuchtigkeit 90 % (vor allem bei geringer Luftumwälzung) betragen und kann in den folgenden Tagen auf 85 % reduziert werden; in den nachfolgenden Rezepten ist das schrittweise Zurückführen der Luftfeuchtigkeit z. B. von 90 auf 85 % beschrieben.

13. Beim Naturreifeverfahren dauert die Umrötungs- und Konservierungsphase rund 20 bis 25 Tage. Während dieser Zeit bildet die Wurst in vielen Fällen an ihrer Außenseite einen bakteriellen Schmierbelag, der je nach Intensität mit lauwarmem, schwach salzhaltigem Wasser abgewaschen werden sollte – das kann unter Umständen alle ein bis zwei Tage erforderlich sein. Erst beim Ausbleiben des schmierigen Belags ist das Reifeverfahren als abgeschlossen zu betrachten und die Ware kann entweder kaltgeräuchert (siehe weiter Punkt 14) werden, wenn dies erwünscht ist, oder der weiteren Lagerung (siehe weiter Punkt 15) zugeführt werden.

14. Rohwürste können geräuchert werden, wenn die Wurstmasse rosafarben durch die Hülle schimmert. Allerdings muss darauf geachtet werden, dass die Würste ausschließlich kaltgeräuchert werden, was bedeutet, dass die Rauchtemperatur maximal 18–20 °C betragen sollte. Eine zu starke Verringerung der relativen Luftfeuchtigkeit sollte auch während des Räucherns vermieden werden, da sonst an den Würsten ein trockener, luftundurchlässiger Rand entstehen könnte, der die Atmung des Produkts – insbesondere in der Lagerphase nach dem Räuchern – negativ beeinflussen kann. Nach dem Räuchern müssen die Würste dann normal nachreifen, am günstigsten haben sich hier Temperaturen um die 12–15 °C bei einer relativen Luftfeuchtigkeit von 75–80 % erwiesen, wobei man unmittelbar nach dem Räuchern für 80 % Luftfeuchtigkeit sorgen sollte, die dann schrittweise verringert werden kann.

15. Während der weiteren Lagerung sind die Würste dann gegen mögliche Temperaturschwankungen (eine Temperatur von 20 °C sollte trotzdem nicht überschritten werden) sowie gegen große Schwankungen der Luftfeuchtigkeit nicht mehr so empfindlich wie im Anfangsstadium der Reife. In dieser Zeit ist aber für eine gleichmäßige Luftumwälzung zu sorgen, was weniger die Zuführung von Frischluft meint, als vielmehr eine gleichmäßige Abführung der vom Wurstgut an die Luft abgegebenen Feuchtigkeit und gasförmigen Stoffe.

Daher kann die Wurst durchaus in kleinen, mit Holz ausgekleideten Zimmern gelagert werden, wenn ein Ventilator und ein kleines Fenster für den Abzug sorgen.

16. Der Prozess der Nachreifung im dafür vorgesehenen Abhängeraum ist sowohl für die Haltbarkeit der Wurst als auch für die Stabilisierung von Farbe und Aroma entscheidend. Man sollte also für ein gleichbleibendes Klima (siehe Punkt 15) sorgen und die Wurstwaren ständig kontrollieren.

GRUNDREZEPT LUFTGETROCKNETE WURST (NACH SALAMI-ART)

Auch wenn die, zugegeben, etwas langatmige Einleitung mit ihren vielen Tipps und Hinweisen ein anderes Bild vermitteln mag, muss an dieser Stelle festgehalten sein, dass es keine Hexerei ist, auch luftgetrocknete Wurstwaren selbst zu Hause herzustellen.

Auch der immer wieder vertretene – und aus lebensmitteltechnologischer Sichtweise auch grundsätzlich nicht falsche – Ansatz, dass sich Wurstwaren in einem feuchten Klima nicht gut herstellen ließen (weil das Fleisch eher schlecht als trocken werden würde), ist letztlich nur bedingt richtig. Viel wichtiger ist es, für eine kühle Umgebung und Zugluft zu sorgen. Bei zu geringer Luftfeuchtigkeit trocknet die Außenseite zu schnell ab und verhindert, dass die Feuchtigkeit aus dem Inneren entweichen kann und die Wurst gleichmäßig abtrocknet. Daher werden die besten luftgetrockneten Wurstwaren in gemäßigten Klimazonen erzeugt, am besten in Bergen mit sauberer Luft, aber auch am Meer, wo eine ordentliche Brise weht (ist zu wenig Zugluft vorhanden, so muss mit technischen Hilfsmitteln wie Ventilatoren etc. nachgeholfen werden).

Dasselbe gilt übrigens auch für Fleisch – im Kapitel der italienischen Wurstwaren werde ich beim Pancetta darauf hinweisen, dass ich diesen einfach bei mir in der Küche aufgehängt trocknen lasse. Am besten ist der Ort über dem Spülbecken geeignet, denn er ist feucht und herabtropfende Flüssigkeit oder Fett kann gut abgewaschen werden.

Viele Menschen, die zum ersten Mal Wurstwaren trocknen lassen, haben (berechtigte) Angst vor dem Schimmel. Tatsächlich ist der kalkweiße Belag an der Oberfläche der Wurstwaren aber generell ein gutes Zeichen und Flecken von schleimigem oder dunklem Schimmel lassen sich einfach mit Essig, Wein oder Schnaps abwaschen. Das ist auch der Grund, warum man nicht oft genug darauf hinweisen kann, dass luftgetrocknete Wurstwaren täglich kontrolliert werden sollten. In Italien machen die Salumiere das mit der Nase – sie stechen die Wurstwaren an und prüfen, ob die Wurstware einen Fäulnisgeruch aufweist. Auch wenn der Fäulnisgeruch untrüglich ist, so setzt dieses Verfahren doch etwas Erfahrung voraus.

Allgemein wird in der Lebensmitteltechnologie immer vor den Gefahren von Hackfleisch gewarnt, das aufgrund seiner großen Oberfläche schneller verderben kann. Das ist zwar richtig, aber Fakt ist auch, dass das Hackfleisch, sobald es gepökelt und in festen Naturdarm abgefüllt worden ist, vor den Wirren der Bakterien weitestgehend geschützt ist. Luftzufuhr, das Einwirken des Salzes und das Abtrocknen sorgen für zusätzliche Lebensmittelsicherheit. Und weil es so einfach ist, haben die Bauern vergangener Jahrhunderte – ganz ohne das Wissen der heutigen Lebensmitteltechnologie – schlicht und einfach ihre Würste selbst am Hof herstellen können.

> **HINWEIS** | **Sauberkeit und Hygiene**
>
> Man sollte sich aber bewusst sein, dass durch den Wolf faschiertes Fleisch tatsächlich den Bakterien eine extrem große Angriffsfläche bietet, weshalb man bei luftgetrockneten Würsten noch stärker auf Sauberkeit und Hygiene zu achten hat, als das ohnedies immer der Fall sein sollte! Um eine größtmögliche Sicherheit zu gewähren, empfehle ich allen Anfängern die Verwendung von Pökelsalz!!!

Ich praktiziere das Lufttrocknen von Würsten in drei einfachen Schritten:
- Erstellen und Abfüllen der Wurstmasse
- Erstes Abtrocknen im Haus (Keller)
- Reifen lassen an der frischen Luft (im Garten)

Und das funktioniert heute noch genau so gut wie vor Tausenden von Jahren, als die ersten Trockenwürste hergestellt wurden.

Wer erst einmal auf den Geschmack der selbst gemachten Wurst gekommen ist, wird allerdings mit der handelsüblichen Industrieware Probleme haben. Selbst gemachte Würste sind in der Regel weicher und feiner und haben nichts von den extrem abgetrockneten, fast lederartigen Produkten (preiswerter) Massenware.

Zutaten
4 kg ausgelöstes Fleisch aus der Schweineschulter (ohne Schwarte, Bindegewebe, Sehnen etc.)
1 kg entschwarteter Rückenspeck
120 g Pökelsalz
5-8 Knoblauchzehen
10 g Fenchelsamen (auch mehr oder weniger, je nach Geschmack)
12-15 g Pfefferkörner (nach Belieben)
Naturdärme für Salami

Zubereitung

Das Fleisch 30 bis 60 Minuten anfrosten, damit es leichter zu verarbeiten ist. Angefrostetes Fleisch zuerst in 1 cm dicke Scheiben, dann in 1 cm breite Streifen und schließlich in gleichmäßige Würfel schneiden.

Für eine grobe Wurst die Würfel so belassen, für eine feinere Wurstware die Fleischwürfel mit einem Hackmesser bearbeiten, sodass ein Teil des Fleisches feiner und ein anderer Teil gröber geschnitten ist.

Den Rückenspeck in 1 cm große Würfel schneiden und das vorbereitete Fleisch mit dem Speck vermischen.

HINWEIS | **Faustformel**

Das Verhältnis von Fleischeinwaage und Pökelsalz sollte mindestens 25 g Salz auf 1 kg Fleisch betragen. Die Fleischer vergangener Tage haben bis zu 35 g genommen, das ist meines Erachtens zu viel. Die Menge ist letztlich Geschmacksache, der Mindestwert sollte aber nicht unterschritten werden.

Knoblauch, Fenchel und Pfeffer im Mörser zerstoßen – diese Zutaten sind an dieser Stelle nur als Grundrezept gedacht (man kann grundsätzlich mit allen Kräutern und Gewürzen arbeiten, die es gibt, und zudem mit Orangen- und Zitronenschalen, Weinen, Schnäpsen etc. arbeiten). Gewürze mit dem Pökelsalz vermengen und anschließend mit sauberen Händen (oder Handschuhe tragen!) in die Fleischmasse einarbeiten.

Die Wurstmasse abgedeckt einige Stunden im Kühlschrank ziehen lassen, in der Zwischenzeit den Naturdarm in kaltem Wasser einweichen. Dann den Darm mithilfe einer Wurstspritze oder des Füllaufsatzes des Fleischwolfs füllen und dabei darauf achten, dass sich möglichst keine Luftblasen bilden.

Schließlich zu einzelnen, kleineren Würsten in beliebigen, aber möglichst gleichmäßig großen Portionen abbinden und mit Wurstgarn fixieren. An den Enden mit Schlaufen abknoten.

Die Würste sorgfältig kontrollieren – sollten Luftblasen erkennbar sein, so muss man die Wursthülle an besagten Stellen mit einer Nadel einstechen und die Luft herausdrücken. Wer mag, kann die Wurst nun mit Zutaten, Datum der Herstellung, Ausgangs- und Endgewicht (30 % Gewichtsverlust durch Abtrocknung sind der Regelfall) etikettieren.

Die Würste nun zunächst einige Tage im Haus (Küche, Keller etc.) aufhängen; der Darm zieht sich zusammen und wird papierartig. Danach können die Würste an die frische Luft. Am besten eignet sich ein sauberer, zugiger Dachboden. Auch eine Stelle im Garten, die vor Tieren, Regen und sonstigen Wirren geschützt ist, ist geeignet – aber bitte immer an die notwendige Zugluft denken.

Die Wurst sollte tagtäglich auf Flecken kontrolliert werden – trockener weißer Schimmel stellt nicht nur kein Problem dar, sondern ist sogar erwünscht. Schmieriger Schimmel oder dunkle Flecken sollten mit einer schwachen Essiglösung oder Wein abgewaschen werden – manche Wursthersteller waschen ihre Würste auch prophylaktisch jeden Tag, das gibt nicht nur Sicherheit vor Schimmel, sondern sorgt auch dafür, dass die Außenhaut nicht zu schnell abtrocknet und die Wurst gleichmäßiger von innen nach außen abtrocknen kann.

Die Wurst wird nach ca. einem Monat der Reife verzehrfertig abgetrocknet sein. Am besten ist der Zeitpunkt der optimalen Reife am Gewicht erkennbar: Hat die Wurst 30 % des Ausgangsgewichts verloren, ist das Sollgewicht der fertigen Wurstware erreicht.

Diese wunderbare Wurst ähnelt geschmacklich einer Haussalami, ist aber wesentlich weicher und feiner im Geschmack.

Die Würste können nun in Vakuum verschweißt werden, um ein weiteres Abtrocknen zu verhindern – man kann sie aber auch einfach in Frischhaltefolie wickeln, was sich dann anbietet, wenn die Wurst bald verzehrt wird. Wer mag, kann die Wurst einfrieren, wodurch sie viele Monate haltbar wird.

Wer die Wurst innerhalb der nächsten Wochen verzehren wird, kann sie auch weiter abtrocknen lassen oder (in Frischhaltefolie gewickelt oder vakuumiert) im Kühlschrank lagern, was ein Ranzigwerden des Fetts verhindert und die Lagerzeit wesentlich verlängert.

EINFACHE LUFTGETROCKNETE REHMETTWURST

Zutaten

3 kg schieres Fleisch vom Rehwild (oder auch Hirsch),
sauber pariert (ohne Knorpel und Sehnen)
1,5 kg kerniger Schweinebauch ohne Schwarte, entbeint
(ohne Knorpel und Sehnen)
450-500 g Schweinefleisch aus der Schulter
9-12 Wacholderbeeren
2-3 Schuss Portwein
1-2 Knoblauchzehen
etwas grobes Meersalz
15 g weißer Pfeffer
120 g Nitritpökelsalz
25 g Glukose
6 g Muskatnuss, frisch gerieben
7,5 g Thymian
Kranzdärme Kaliber 40/43

Zubereitung

Wacholderbeeren platt drücken und mit dem Portwein aufkochen, vom Herd nehmen und abkühlen lassen. Geschälte Knoblauchzehen mit grobem Salz und dem Pfeffer zu einer Paste zerdrücken.

Wildbret sowie Schweinebauch und Schweineschulter in 2 cm große Würfel schneiden und das gesamte Fleisch zwei Stunden anfrosten lassen.

Die Fleischmasse mit dem Gewürzen, der Knoblauchpaste und dem durchgeseihten Wacholderaufguss vermischen und anschließend durch die 3-mm-Scheibe des Fleischwolfs drehen. Die Masse gut verkneten, bis sie leicht bindig ist.

Fleischmasse mithilfe einer Wurstpresse oder des Füllvorsatzes vom Fleischwolf straff in die Därme füllen und die Würste mit Wurstgarn zu Ringen abbinden. Mit lauwarmen Wasser (oder Portwein) abwaschen und zum Trocknen aufhängen.

LUFTGETROCKNETE WILDSALAMI

Übliche Fleischsorten: Hirsch, Reh, Gams, Wildschwein

Zutaten

4 kg Wildfleisch (aus Schulter, Nacken, Bauch, Keule – am besten gemischt)
100 g feines Meersalz
12 g Nitritpökelsalz
12 g weißer Pfeffer, frisch gemahlen
28 g Propidin (Reifemittel)
12 g Senfsaat
Knoblauch nach Geschmack
Novaessdarm Kaliber 43/40

Zubereitung

Das gesamte Fleisch gut durchfrosten (man kann es auch leicht anfrieren) und anschließend durch die 5-mm-Scheibe des Fleischwolfs drehen. Fleischmasse mit den vorgesehenen Würzzutaten vermischen und mit einer Wurstpresse oder dem Füllaufsatz des Fleischwolfs in Därme pressen.

Würste zum Trocknen im Keller aufhängen – sollten sie außen zu schnell abtrocknen, mit etwas Salzwasser oder Wein befeuchten.

EINFACHE LUFTGETROCKNETE DAUERWURST

Zutaten
5 kg Schweinefleisch, sehnenfrei (5 % Fett)
1 kg mageres Rindfleisch, fett- und sehnenfrei (5 % Fett)
4 kg Flomen

Pro kg Fleischeinwaage
30 g Nitritpökelsalz
1 g Starterkulturen
Därme für luftgetrocknete Wurstwaren

Zubereitung
Schweinefleisch und Flomen in Würfel schneiden (in der Größe wie für Gulasch) und gut durchkühlen (Tiefkühler).

Dann das durchgekühlte Schweinefleisch sowie den gekühlten Flomen mit dem gewolften Rindfleisch, der notwendigen Menge an Nitritpökelsalz und den Starterkulturen vermengen und anschließend alles zusammen durch die 5-mm-Scheibe wolfen.

Danach wird die Wurstmasse in Kunstdärme für luftgetrocknete Wurstwaren gefüllt und zwei bis drei Tage zum Reifen bei 18–20 °C Raumtemperatur mit 90–85 % Luftfeuchtigkeit aufgehängt. Anschließend muss die Wurst in einem trockenen Abhängerraum nachreifen.

DIE EINFACHSTE LUFTGETROCKNETE METTWURST DER WELT!

Zutaten
2 kg Schweinefleisch aus Bauch und Schulter
(ohne Sehnen, Knochen, Knorpel und Schwarte)
45-50 g gebrauchsfertiges Pökelsalz
4-5 g frisch gemahlener Pfeffer
Knoblauchpulver nach Belieben
Muskatnuss nach Geschmack, man kann auch Kümmel nehmen
etwas Staubzucker (ca. 1-2 TL)

Zubereitung
Fleisch in gleichmäßige Würfel schneiden, mit Salz und den Gewürzen vermischen und durch die mittlere Lochung des Fleischwolfs faschieren. Fleischmasse mit dem Knethaken der Küchenmaschine mixen, bis sie sich klebrig anfühlt. In 4 Portionen à ca. 500 g aufteilen. Mit der Wurstfüllfunktion in Kunstdärme (4–5 cm Durchmesser) füllen und dabei darauf achten, dass sich keine Luftblasen bilden – an den Enden verknoten und fest zubinden, danach 2-3 Monate an einem kühlen, trockenen, sauberen Ort reifen lassen.

Einfache luftgetrocknete Hauswurst

Für dieses Rezept ist es sehr wichtig, dass das **Fleisch ständig gut gekühlt** ist und man mit einer **Masse** arbeitet, die immerzu **möglichst kalt** bleibt!

Zutaten

10 kg Rindfleisch, mager
5 g Muskatnuss, wenn möglich frisch gerieben
5-7 g Macis-Pulver
10 g Salpeter
15 g Zucker
15 g weißer Pfeffer, frisch gemahlen
7,5 kg Schweinefleisch, sehr mager
250 g Speck, grob gewürfelt
450-500 g Meersalz
60 ml Cognac/Weinbrand oder 50-100 ml kräftiger Rotwein

Zubereitung

Zuerst das Rindfleisch in die Größe von Gulasch-Würfeln schneiden und in einer Wanne mit Muskatnuss, Macis, Salpeter, Zucker und Pfeffer vermischen. Das Fleisch durch den Wolf (kleine Scheibe) treiben und anschließend sofort kühl stellen.

Das Schweinefleisch mit der mittleren Lochung wolfen.

Den Speck klein würfeln.

Rindfleisch, Schweinefleisch und Speck zusammen mit Meersalz und Cognac oder Rotwein in einer Wanne zu einem geschmeidigen Brät verkneten.

Mithilfe einer Wurstspritze die Masse in eher kleinkalibrige Därme (Schwein) füllen und zu jeweils ca. 150 g schweren Würsten abdrehen. Anschließend am besten in frischer Bergluft – ansonsten in einem geeigneten Trockenraum – aufhängen und einige Wochen abtrocknen lassen.

HINWEIS | **Frisch genossen**

Die Würste schmecken auch frisch sehr gut – z. B. einfach in heißem Sauerkraut dünsten lassen.

TIPP | **Mit Knoblauch verfeinern**

Die Wurst zusätzlich kräftig mit Knoblauch würzen.

VARIANTE
Statt Rindfleisch kann man auch Hirsch, Reh oder Lamm verarbeiten.

Räuchern
Nach dem Reifen (vier Tage) kann man die Würste 12 bis 24 Stunden bei 15–20 °C kalträuchern – die Sägespäne müssen dabei gut befeuchtet werden (Apfel, Zwetschge, Birnbaum, Buche und Erle sind zu bevorzugen).

BAUERNSALAMI
Dies ist quasi eine Art Standardrezept, das nach persönlichen Vorlieben abgewandelt werden kann, denn statt Rindfleisch kann man auch sämtliches Hochwild (Hirsch, Reh, Elch etc.) nehmen, aber auch Schaf, Ziege, Pferd, Esel u. a. m. Genauso variabel ist die Würze – einzig das Salzverhältnis sollte man nicht ändern!

Wenn man kleinere Mengen zubereitet, hat dies den Vorteil, dass man für das Kneten eine Küchenmaschine zu Hilfe nehmen kann!

ACHTUNG | Höchste Fleischqualität!

Wie immer muss das Fleisch möglichst sauber pariert worden sein und darf keinerlei Fett-, Sehnen- oder Hautreste aufweisen! Die Qualität des Fleisches sollte so hoch sein, dass man es auch als Tatar roh essen könnte!

Zutaten
350 g mageres Rindfleisch (max. 5 % Fett) bzw. anderes mageres rotes Fleisch
350 g mageres Schweinefleisch (kann ebenfalls durch andere Tierarten ersetzt werden)
300 g bester Rückenspeck vom Schwein
25 g Salz (o. Nitritpökelsalz o. 20 g Salz + 10 g Nitritpökelsalz)
4 g schwarzer Pfeffer, frisch gemahlen
3 g Zucker
beliebige zusätzliche Gewürze, wie Knoblauch, Kümmel, Rosmarin, Fenchel, Anis, Paprika usw. (Auswahl und Menge nach persönlichem Geschmack)

Därme für Rohwürste

Zubereitung
Sämtliches Fleisch und Fett würfeln und tiefkühlen (es sollte fast durchgefroren sein). Fleisch durch die 3- oder 4,5-mm-Scheibe des Fleisch-

*Einfache, luftgetrocknete
Hauswürstl*

wolfs drehen und sofort in einer Wanne mit Salz, Pfeffer und Zucker vermischen.

Wurstmasse ggf. nach Geschmack würzen und mit einer Küchenmaschine oder einem Rührgerät vermischen, bis es klumpt und man ein gutes Brät hat. Mit einer Wurstspritze die Masse in Därme abfüllen – dabei sollten möglichst keine Luftblasen im Brät entstehen (durch solche Blasen könnte das Wurstbrät oxidieren).

Die Wurst zum Reifen bei 12–15 °C und möglichst hoher Luftfeuchtigkeit aufhängen, nach vier Tagen kann die Salami in kaltem Rauch aromatisiert werden oder auch naturbelassen in den zum Abhängen vorgesehenen Raum gehängt werden, wo sie bei maximal 20 °C zum vollendeten Geschmack reifen darf.

RUSTIKALE SALAMI

Dies ist ein einfaches Salamirezept mit einer relativ geringen Menge – der Grund: Diese Menge kann von einer guten Küchenmaschine mit dem Knethaken verarbeitet werden, was den Vorteil hat, dass man nicht mit den „warmen" Händen an die Wurstmasse geht und diese dadurch gut gekühlt bleibt.

Das Rezept hat zudem den Vorteil, dass es leicht zu Hause hergestellt werden kann.

Zutaten

600 g mageres Rindfleisch (max. 5 % Fett)
400 g Schweinespeck mit etwas Fleisch dran (ohne Schwarte)
4-5 g Knoblauch, frisch (gern auch etwas mehr)
20 g Salz
5 g Nitritpökelsalz
5 g schwarzer Pfeffer, geschrotet
4 g schwarzer Pfeffer, gemahlen
2-4 cl Rum, Grappa oder Cognac

Zubereitung

Rindfleisch und Speck würfeln, anfrieren und zwischenzeitlich den Knoblauch schälen und fein hacken.

Fleisch zusammen mit dem Knoblauch mit der 8-mm-Scheibe wolfen, danach sofort mit allen anderen Zutaten vermischen und gut verkneten; hier leistet eine gute Küchenmaschine mit dem Knethaken gute Dienste. Die Masse sollte sich klebrig bzw. klumpig anfühlen.

Das Brät mit einer Wurstspritze in Därme für Rohwürste füllen und die Würste zum Reifen aufhängen (am besten bei 18 °C an der frischen Bergluft).

WÜRZIGE HIRTENSALAMI

Nachstehende **Rezeptur** ist **für eine relativ große Menge** – die **tatsächlich** zu verarbeitende **Menge** muss sich nach dem **Fassungsvermögen** des jeweiligen **Cutters** richten und ist auf diesen abzustimmen.

Zutaten

2 kg mageres Rindfleisch ohne Flachsen und Sehnen,
5 % sichtbares Fett
600 g Rinderfett
3,5 kg mageres Schweinefleisch aus der Keule, fett- und sehnenfrei
2,7 kg Schweinerückenspeck
1,2 kg Flomen

Pro kg Fleischmasse

30 g Nitritpökelsalz
1 g Starterkulturen
2-3 g schwarzer Pfeffer, frisch gemahlen
2-3 g Paprikapulver, rosenscharf (auch mehr, wenn gewünscht)
1-2 g Knoblauchpulver (auch mehr, wenn gewünscht)
Kunstdärme Kaliber 50/50

Zubereitung

Das gesamte Fleischmaterial zwei bis drei Tage vor der Herstellung der Wurstware bei –25 °C durchfrieren. Das tiefgekühlte Material in faustgroße Stücke zerteilen und sofort verarbeiten.

HINWEIS	**Erst würfeln, dann tiefkühlen**

Bei kleinen Mengen für den Hausgebrauch kann man das Fleisch auch erst würfeln und dann einfrieren.

Der Cutter sollte auf den Gefrierpunkt zurückgekühlt werden. Das gesamte Rindfleisch sowie das Rinderfett in den Cutter bei langsamer Gangart geben und bis zur feinsten Körnung (pulverfein!) durchlaufen lassen. Danach kommen das magere Schweinefleisch, der Speck sowie der Flomen dazu und werden bis zur gewünschten Körnung mitgecuttert. Zwischenzeitlich kommen Pökelsalz, Kulturen und Gewürze dazu – sie müssen sich mit der Fleischmasse gut vermischen können. Am Ende des Cuttervorganges muss die Masse leicht klumpen, damit sie sofort in die Därme gefüllt werden kann. Die Würste vier bis sechs Tage bei 18–20 °C Raumtemperatur und 90–85 % Luftfeuchtigkeit reifen lassen. Danach kann man die Wurst 24 Stunden bei 20 °C kalträuchern und anschließend lufttrocknen.

LUFTGETROCKNETE GÖTTINGER BLASENWURST

Die Blasenwurst hat ihren Namen daher, dass sie tatsächlich in Kalbsblasen abgefüllt wird. Dies ist schon eine sehr aufwendige Wurst, deren
Erzeugung in den eigenen vier Wänden kaum möglich ist. Sie soll aber
dennoch hier angeführt sein, um zu dokumentieren, wie vielschichtig
und variantenreich das Lufttrocknen sein kann.

Zutaten

3,2 kg mageres Rindfleisch ohne Flachsen und
Sehnen, 5 % sichtbares Fett
3,6 kg mageres Schweinefleisch aus der Keule, fett-
und sehnenfrei
3,2 kg Schweinerückenspeck

Pro kg Fleisch

30 g Nitritpökelsalz
1 g Starterkulturen
2,5 g schwarzer Pfeffer, geschrotet
1 g Pfeffer, ganz
0,25 g Piment
2 g Rum

Edelschimmelkulturen (nach Herstellerangaben verwenden)
Därme: Kalbsblasen

Zubereitung

Die Herstellung erfolgt zunächst so, wie es im Rezept der „Würzigen
Hirtensalami" beschrieben wird – aber nur bis zum Abfüllen!

HINWEIS | **Die richtige Struktur**

Das Rindfleisch wird sehr fein gecuttert, das Schweinefleisch und der Speck
sollten grob bleiben!

Das fertige Wurstmaterial wird dann in gereinigte Kalbsblasen gefüllt
– diese müssen dann unmittelbar nach dem Abfüllen in die Edelschim-
melmasse getaucht werden!

Die Reifung erfolgt anschließend bei maximal 18 °C und einer Luftfeuchtigkeit von 90–75 % innerhalb von 75 bis 90 Stunden. Danach kann
die Wurst luftgetrocknet werden.

Das italienische Lufttrocknen

Heutzutage ist es für uns nicht mehr lebensnotwendig, Fleisch zu trocknen, heute tun wir dies nur noch, weil es so köstlich schmeckt. Was ursprünglich gemacht wurde, um unser Überleben zu sichern, führte zu einem der größten kulinarischen Vergnügen, einer Widerspiegelung von Einfallsreichtum, Handwerkskunst und Genuss – und die unbestrittenen Meister dieses Fachs sind bis heute die Italiener.

Jeder kann Fleisch lufttrocknen, wenn er die richtigen Umweltbedingungen hat. Einige Produkte, wie beispielsweise Pancetta, erfordern nicht einmal einen besonderen Platz zum Lufttrocknen (ich hänge meinen auf einen Haken in der Küche auf).

Beim italienischen Lufttrocknen ist Salz das Hauptwerkzeug des Salumieres (Hersteller von luftgetrockneten Fleischspezialitäten). Ohne Salz wären Salumi (luftgetrocknete Fleischwaren) – und eigentlich alle Formen von konservierten Nahrungsmitteln – nicht möglich. Salz schafft eine für Bakterien unwirtliche Umwelt. Es entzieht dem Nahrungsmittel Wasser, was außerdem das Wachstum schädlicher Keime verhindert. Es hilft bei niedrigeren pH-Werten, das Fleisch vor Bakterien zu schützen. Dadurch, dass Salz Wasser an das Fleischeiweiß binden kann und so ein Austrocknen verhindert, wird es üblicherweise unmittelbar vor dem Faschieren des Fleisches für die Wursterzeugung hinzugefügt.

Um ein Übersalzen von Lebensmitteln wie Luftgetrocknetem zu vermeiden, kann man gar nicht oft genug empfehlen, die Salzmenge abzuwiegen. Für alle Arten von luftgetrockneten Lebensmitteln empfehle ich Trapani-Meersalz, ein italienisches Meersalz aus Sizilien, denn es enthält

Guanciale

Coppa

Spalla

Lonza

Pancetta

Pancetta Tesa

Pancetta Arrotolata

Prosciutto

Culatello

Lamm-Prosciutto

Gänse-/Entenbrust

Bild linke Seite: In solchen Reiferäumen wird heutzutage Prosciutto hergestellt.

Spurenelemente – Magnesium, Kalium und Kalzium –, die sich auf das Aroma positiv auswirken.

Durch das Entziehen von Wasser aus dem Fleisch dehydriert das Salz das Fleisch und wenn es in die Zellen des Fleisches eintritt, dehydriert das Salz auch Mikroorganismen, die Fäulnis, Verderben und andere potenzielle gefährliche Bakterien verursachen, indem es sie vernichtet oder am Wachstum hindert. Diese Dehydratation stellt den Hauptteil des konservierenden Wirkungsmechanismus des Salzes dar.

Es ist keineswegs eine Hexerei, perfekten Prosciutto, Guanciale, Pancetta & Co selbst herzustellen, wenn man die Grundregeln beachtet – wobei die zwei wichtigsten Punkte die folgenden sind: 1. Nur eine ausgesucht gute Fleischqualität wird zu einen zufriedenstellendem Ergebnis führen und 2. es muss unter strengsten hygienischen Bedingungen gearbeitet werden.

GUANCIALE
(Schweinebacke)

In Italien wird eine luftgetrocknete Schweinsbacke Guanciale genannt, was Kissen bedeutet. Ich mag es, wenn die Backe sehr salzig ist, denn dann kann man sie wunderbar zum Kochen verwenden (daher pökle ich das Fleisch mit mehr als der doppelten Menge Salz und lasse es extra lang trocknen) – aber Achtung: in dieser Form sollte die Guanciale wie ein Gewürz verwendet werden.

Wenn man das Fleisch aufschneiden und wie eine Art Lardo servieren möchte, so kann die Backe standardmäßig mit 3 % Salz nach Gewicht dosiert oder, noch besser, durch Anwendung der Salz-Box-Methode (Fleisch in einem Vakuum eingeschweißt) mit der Standard-Pökelzeit von einem Tag pro 1kg eingesalzen werden.

Die Backe bekommt man in unterschiedlichen Größen und Formen, abhängig von Schwein und Fleischer, wobei Fleischstücke mit Wangenfleisch vorzuziehen sind. Wichtig ist, dass sich keine Drüsen in der Backe befinden. Sie fühlen sich an wie Stücke von zu weichem Fett, sind gräulich verfärbt, blass, unterscheiden sich von Fleisch oder Fett und sollten entfernt werden. Wenn Sie die Backe lufttrocknen und dann dünn aufgeschnitten servieren wollen, empfehle ich eine Trockenzeit von fünf Wochen. Wenn man damit kochen will, so ist sie bereits nach drei Wochen gebrauchsfertig; doch in diesem Fall ist die Trocknungszeit auch Geschmacksache: je länger sie trocknet, umso mehr Geschmack entwickelt sie.

Man kann hier, wenn man will, Natriumnitrit verwenden. Um mehr Speckgeschmack – ähnlich Pancetta – zu erzielen, verwendet man 0,25 % des Fleischgewichtes. Aber es reicht grundsätzlich, wenn man mit Salz und Gewürzen arbeitet.

Eine einfache Pökel-Mischung schafft die Grundcharakteristik dieses besonderen Fleischstückes. Die Backe ist dem Bauch sehr ähnlich (siehe Pancetta), wenn man also experimentieren möchte, kann man die für Pancetta üblichen Aromata wie Knoblauch und Thymian verwenden.

Zutaten

1 Schweinebacke (ca. 2 kg) samt Schwarte
60 g Meersalz (Salz-Box-Methode oder
3 % des Gewichtes der Backe)
56–60 g schwarze Pfefferkörner, im Mörser grob zerstoßen
trockener Weißwein zum Abspülen des Fleisches

Zubereitung

Das Salz mit der Hälfte des schwarzen Pfeffers vermengen (er sollte grob, aber gut zerstoßen sein, sodass die Guanciale gleichmäßig bedeckt ist). Die Backe in einen 9-Liter-Plastik-Zipp-Beutel geben und die Salz-/Pfeffer-Mischung dazugeben. Den Beutel verschließen und die Luft so gut wie möglich herauspressen oder die Guanciale vakuumieren.

Die Backe auf ein Backblech legen, eine Pfanne auf die Backe stellen und mit einem Gewicht von 4–5 kg beschweren. Zwei Tage lang kühl pökeln.

Das Salz und ausgetretene Säfte auf der Backe verreiben (durch den Beutel massieren), dann die Backe wenden, wieder beschweren und erneut für zwei Tage kühl pökeln.

Backe aus dem Beutel nehmen, unter kaltem Wasser abspülen, trocken tupfen und mit Weißwein einreiben. Backe mit der verbliebenen Hälfte Pfeffer bestreuen, ein Loch durch eine Ecke der Backe bohren, ein Stück Fleischerschnur durchfädeln und verknoten. Die Backe in der Trockenkammer für drei bis fünf Wochen aufhängen, mindestens aber so lange, bis sie 30 % Gewicht verloren hat.

Luftgetrocknet und dünn aufgeschnitten lässt die Guanciale den Gaumen jubilieren.

Coppa
(Nacken)

Die Coppa ist die beste Wahl für das Lufttrocknen zu Hause, wo Lagerungsmöglichkeiten und Kontrolle der Umweltbedingungen beim Lufttrocknen eingeschränkt sind.

Die eigentliche Coppa herauszulösen ist schwierig und sollte von einem Fleischer gemacht werden: es handelt sich um den Muskel, der gleich hinter dem Ohr beginnt, Richtung Wirbelsäule und über die ersten sechs Rippen verläuft, um anschließend in die Lenden überzugehen.

Die Coppa schmeckt am besten, wenn sie wie Prosciutto dünn aufgeschnitten serviert wird.

Zutaten
1 Stück Schweinenacken
grobkörniges Trapani-Meersalz
schwarze Pfefferkörner, geröstet und im Mörser grob zerstoßen
trockener Weißwein zum Abspülen des Fleisches
schwarze Pfefferkörner, geröstet und fein gemahlen

Zubereitung
Den Nacken abwiegen, mit Salz bestreuen (Salz-Box-Methode) und in einen 9-Liter-Plastik-Zipp-Beutel geben. Pfefferkörner zugeben, 1–2 Esslöffel sind meist ausreichend. Den Beutel mit dem Gewicht des Fleisches und dem Datum beschriften. Die Luft so gut wie möglich aus dem Beutel pressen und den Beutel verschließen oder vakuumieren.

Fleisch auf ein Backblech geben. Eine Pfanne auf das Nackenfleisch stellen und mit mindestens 5 kg beschweren. Einen Tag pro kg kühl pökeln. Nach der Hälfte der Kühlzeit den Schweinenacken wenden, Salz und Pfeffer erneut verreiben und wieder beschweren.

Das Fleisch aus dem Beutel nehmen und unter kaltem Wasser abspülen. Trocken tupfen und mit Weißwein abreiben.

Fleisch abwiegen, falls der Reifegrad/Trocknungsgrad mittels Gewicht bestimmt wird. Mit frischem, fein gemahlenem Pfeffer bestreuen, sodass die gesamte Oberfläche gleichmäßig bedeckt ist.

Den Nacken wie einen Rollbraten binden und für vier bis sechs Wochen in die Trockenkammer hängen oder so lange, bis er 30 % seines Gewichtes verloren hat.

SPALLA
(Schulter)

Spalla ist der äußere Schultermuskel des Schweines und lässt sich genauso wie jedes andere Muskelfleisch des Schweines trocknen. Alle
luftgetrockneten größeren Muskeln haben einen dem Prosciutto ähnlichen Geschmack, da die Schulter jedoch schneller und leichter trocknet
als der schwere Rückenschinken, wird sie nie die intensive, nussige und
herzhafte Süße eines großen Prosciuttos erreichen.

Die Form der Schulter hat großen Einfluss darauf, was man damit
machen soll; sie kann mit dem Knochen getrocknet werden oder im
„Schmetterlingsschnitt" entbeint. Den Knochen drinnen zu belassen,
ermöglicht ein einfacheres Aufhängen, erfordert eine längere Trocknungszeit und verstärkt den Geschmack. Den Knochen herauszunehmen,
beschleunigt die Trocknungszeit.

Alle losen Fett- oder Fleischteile müssen immer weggeschnitten
werden. Wenn man eine entbeinte Schulter verwendet, so sollte sie
geformt (z. B. gerollt) werden, um sicherzugehen, dass keine Lufttaschen
entstehen, in denen sich Schimmel bilden könnte.

Die ganze Schulter samt Knochen luftzutrocknen ist wahrscheinlich die
einfachste Art; man kann sie dann wie einen Prosciutto verwenden – aber
nach wesentlich kürzerer Zeit.

Zutaten
1 Schulter mit Knochen, Schulterblatt,
Armknochen intakt (wie gewachsen, 6-7 kg)
ca. 550 g Meersalz (Salz-Box-Methode oder
8,5 % des Gewichtes der Schulter)
60 g schwarze Pfefferkörner, geröstet und grob zerstoßen
trockener Weißwein zum Abspülen des Fleisches

Zubereitung
Salz und Pfeffer in einem geeigneten Plastikbeutel vermengen und gut
mischen. Die Schulter hineingeben und die Pökel-Mischung sorgfältig
auf dem Fleisch verteilen und verschließen. Die Schulter auf ein Backblech legen und beschweren. Sechs bis sieben Tage kühl pökeln. Nach
der Hälfte der Zeit Salz und Säfte wieder auf der Schulter verreiben und
verteilen, die Schulter wenden und wiederum beschweren.

Die Schulter aus dem Beutel nehmen und unter kaltem Wasser abspülen. Trocken tupfen. Mit Wein abreiben.

Eine Schnur um das Ende des Zapfens binden und in der Trockenkammer sieben bis zehn Monate aufhängen oder so lange, bis die Schulter
30 % ihres Gewichtes verloren hat.

LONZA
(Lende)

Lonza ist die Schweinelende ohne Knochen, das Karree. Der Muskel selbst ist mager, weshalb man viel Rückenfett an der Lende belassen sollte, um Geschmack und Saftigkeit zu verbessern. Lonza sollte kräftig gewürzt werden.

Lonza und Filetto (Filet, das auf die gleiche Weise getrocknet werden kann) sind Fleischstücke, die sich großartig zum Lufttrocknen zu Hause eignen, weil sie relativ klein sind. Magerere Stücke sind zudem zu Hause besser zum Lufttrocknen geeignet als fettere, die eher zum Ranzigwerden neigen.

Bezüglich Ranzigwerden muss man hier allerdings trotzdem etwas aufpassen: Anders als bei Coppa, wo das Fett hauptsächlich im Inneren des Muskels liegt, befindet sich das Fett hier nämlich an der Außenseite.

Da Pfeffer bei der Lonza das einzige Gewürz ist, ist es unbedingt erforderlich, die Pfefferkörner zu rösten und in einer Gewürzmühle oder Kaffeemühle zu mahlen. Um Pfefferkörner zu rösten, geben Sie 2 bis 3 Esslöffel in eine Stielpfanne über großer Hitze. Wenn der Pfeffer nach einigen Minuten seine Duftstoffe zu entfalten beginnt, schüttet man die Pfefferkörner in eine Gewürzmühle oder Kaffeemühle und mahlt sie zu Pulver. Danach den Pfeffer sieben, um größere Stückchen zu entfernen.

Zutaten

1 Schweinelende ohne Knochen, starke Sehne entfernt
(mit etwas Rückenfett, wenn gewünscht)
grobes Meersalz (8-10 % des Fleischgewichtes)
schwarze Pfefferkörner, geröstet und im Mörser gestoßen
trockener Weißwein zum Abspülen des Fleisches
schwarze Pfefferkörner, geröstet und fein gemahlen

Zubereitung

Meersalz und gestoßenen Pfeffer vermengen, dann die Lende darin wälzen, bis sie gleichmäßig bedeckt ist. Die Lende in einen Plastik-Zipp-Beutel geben. Nochmals Pfeffer dazugeben, 1–2 Esslöffel oder nach Geschmack. Die Luft so gut wie möglich aus dem Beutel pressen und den Beutel verschließen.

Lende auf ein Backblech geben, eine Pfanne daraufstellen und mit einem Gewicht von 5 kg beschweren. Einen Tag pro kg kühl pökeln. Nach der Hälfte der Zeit die Lende wenden, Salz und Pfeffer nochmals verreiben und verteilen und erneut beschweren.

Lende aus dem Beutel nehmen, unter kaltem Wasser abspülen, trocken tupfen und mit Weißwein abreiben. Lende mit fein gemahlenem Pfeffer bestreuen, bis die gesamte Oberfläche gleichmäßig bedeckt ist.

Die Lende wie einen Braten binden. Für drei bis vier Wochen in die Trockenkammer hängen oder so lange, bis das Fleisch 30 % des Gewichtes verloren hat.

PANCETTA
(Schweinebauch)

Pancetta stellt die einfachste Möglichkeit dar, zu Hause Luftgetrocknetes herzustellen, sozusagen ein „Kinderspiel", das in jeder guten Küche einen fixen Platz bekommen sollte.

Man sollte Bauchspeck aber immer nur mit der Schwarte kaufen, denn eingesalzene und luftgetrocknete Schwarte nimmt dieselben Aromen an wie Fleisch und Fett und gibt diese ab, wo auch immer sie beigegeben wird – das heißt, sie ist wie ein Gewürz in jedem Eintopf zu verwenden. Aber man kann Pancetta auch ohne oder nur mit wenig Schwartenanteil herstellen.

Nachfolgend habe ich die zwei Hauptformen von Pancetta angeführt, die man in Italien kennt. Wenn man den Schweinebauch auch noch räuchern will, dann sollte man die Pökelmischung für gerollten Pancetta nehmen.

PANCETTA TESA

Dies ist die einfachste und erfolgversprechendste Variante, Salumi zu Hause herzustellen: Schweinebauch, gepökelt mit Salz und einer Menge   *Pancetta*

von Aromata, abgespült und zum Lufttrocknen aufgehängt. Das ist alles, denn man benötigt nicht einmal einen besonderen Trockenraum, weil man den Pancetta einfach für ein paar Wochen an einen Haken in der Küche hängen kann.

Zutaten
1 frischer Schweinebauch 4,5-5 kg samt Schwarte
135-150 g Meersalz (Salz-Box-Methode oder
3 % des Fleischgewichtes)
3 EL oder 18 g schwarze Pfefferkörner, geröstet
und im Mörser grob zerstoßen
¼ Tasse oder 20 g Wacholderbeeren, zerdrückt
8-12 Knoblauchzehen, gehackt
8-12 Lorbeerblätter, zerbröselt
8-12 Rosmarinzweige

Zubereitung
Die Zutaten der Pökel-Mischung in einem Plastik-Behälter vermengen, der groß genug ist, um den Schweinebauch flach liegend aufzunehmen (oder einen Plastik-Zipp-Beutel verwenden). Den Schweinebauch mit der Pökel-Mischung überall einreiben. Für fünf Tage kühl pökeln. Zumindest einmal nach der Hälfte der Zeit das Fleisch wenden und erneut abreiben, damit die Pökel-Mischung nochmals gut verteilt wird.

Den Schweinebauch aus dem Behälter nehmen, die Salzmischung unter kaltem, fließendem Wasser abspülen.

Ein Loch in eine Ecke des Schweinebauchs bohren, eine Fleischerschnur durchfädeln und verknoten. Den Schweinebauch für zwei bis drei Wochen oder so lange, bis er 30 % seines ursprünglichen Gewichtes verloren hat, aufhängen.

PANCETTA ARROTOLATA
(Gerollter Pancetta)
Gerollter Pancetta ist am häufigsten anzutreffen. Die durch das Rollen erzielte Dicke kombiniert mit der langen Trocknungszeit ergibt eine intensive, aufregende Geschmacksnote.

Für gerollten Pancetta ist die Trocknungszeit nicht entscheidend. Sie können den Pancetta sofort nach dem Pökeln aufschneiden und kochen. Wenn Sie ihn jedoch für fünf bis sieben Tage hängen lassen, wird dies seinen Geschmack vertiefen und verstärken. Wenn Sie Ihren Pancetta sehr dünn aufschneiden und als solchen servieren möchten, sollten Sie ihn, so wie jedes andere Muskelfleisch, so lange trocknen, bis er 30 % seines ursprünglichen Gewichtes verloren hat.

Bild linke Seite: Der Pancetta wird als Ganzes zum Trocknen aufgehängt.

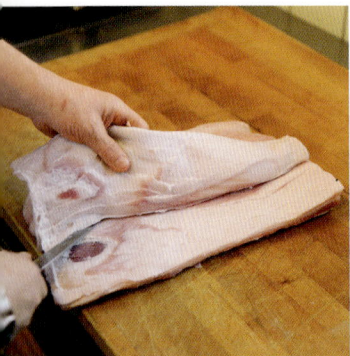

Bauchfleisch entschwarten

Schwarte bis zum Ende abziehen, aber nicht abtrennen

Wurstnetz über eine Röhre spannen

Pancetta so zusammenrollen, dass das Fleisch von der Schwarte ummantelt wird

Zusammengerollter Pancetta und Füllrohr mit Wurstnetz am unteren Ende der Röhre

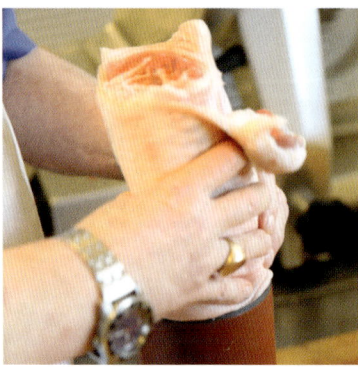

Pancetta in das Rohr füllen

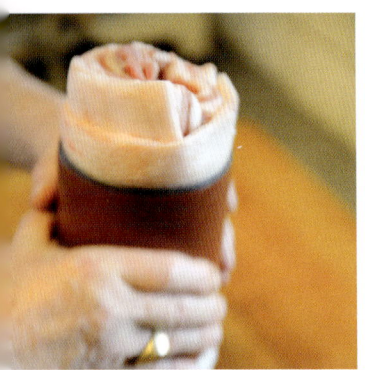

Pancetta durch die Röhre gleiten lassen, sodass er beim Heraustreten unten ...

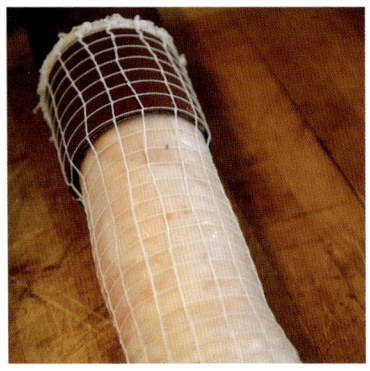

... das Wurstnetz mitnimmt und von diesem zur Gänze umhüllt wird.

Fertig gerollter und mit Netz umwickelter Pancetta Arrotolata (so kann man auch Salami herstellen)

Zutaten

1 Schweinebauch mit Schwarte (ca. 4,5-5 kg)
135-150 g Meersalz (Salz-Box-Methode oder
3 % des Fleischgewichtes)
12 g Nitritpökelsalz
18 g schwarze Pfefferkörner, geröstet und
im Mörser grob zerstoßen
50 g brauner Zucker
20-25 g Wacholderbeeren, zerdrückt
8-12 Knoblauchzehen, gehackt
8-12 Lorbeerblätter, zerbröselt
10-12 Thymianzweige
50 g schwarzer Pfeffer, fein gemahlen

Zubereitung

So viel von der Schwarte entfernen, dass gerade so viel Schwarte am Schweinebauch haften bleibt, dass der Pancetta damit umhüllt ist (die Schwarte sollte nicht mit eingerollt werden, sondern nur außen eine Schutzschicht bilden).

Die Zutaten der Pökel-Mischung in eine Plastikbox, die groß genug ist, um den Schweinebauch flach liegend aufzunehmen (oder einen Plastik-Zipp-Beutel verwenden), geben und vermischen. Den Schweinebauch einlegen und mit der Pökel-Mischung überall einreiben. Für fünf Tage kühl pökeln. In der Pökelzeit zwei- bis dreimal das Fleisch umdrehen und erneut abreiben, damit die Pökel-Mischung nochmals gut verteilt wird.

Den Schweinebauch aus dem Behälter nehmen, die Salzmischung unter kaltem, fließendem Wasser abspülen.

Den Schweinebauch so eng wie möglich rollen und mit einer Endlosschnur binden, danach die Schwartenseite mit gemahlenem Pfeffer bestreuen. Den Schweinebauch für zwei bis drei Wochen in die Trockenkammer hängen.

PROSCIUTTO
(Schinken, Hinterbein)

Prosciutto ist das gesalzene und luftgetrocknete Hinterbein des Schweines. Das Fleisch sollte von rosiger Farbe sein und süß, nussig sowie nach Schinken schmecken; die Fettschicht sollte schimmern und cremig sein. Das ist alles, was es braucht, und trotzdem ist dieser luftgetrocknete Schinken die Krönung aller Schweinefleischspezialitäten.

Die Voraussetzungen dafür, einen hervorragenden Prosciutto zu erzeugen, hängen dennoch von vielen Variablen ab: der Schweinerasse, davon, wie das Schwein gezüchtet wird, wo das Schwein aufwächst, was es frisst, wie es geschlachtet wird, wie das Fleisch nach der Schlachtung behandelt wird, wie und für wie lange es gepökelt wird, wo und wie das Fleisch getrocknet wird, der Qualität der Luft, die dem Fleisch die Feuchtigkeit entzieht – all diese Faktoren wirken sich auf den endgültigen Geschmack und Duft des Fleisches aus.

Prosciutto di Parma aus der Emilia-Romagna – wo die Schweine mit Molke, dem Nebenprodukt des aus dieser Region berühmten Parmigiano-Reggiano, gefüttert werden – unterscheidet sich vom *Prosciutto di San Daniele* aus dem Nordosten Italiens, wo die Schweine mit Mais, Gerste, Dinkel, Weizen und Molke gefüttert werden. Und diese unterscheiden sich wiederum vom *Jambon Bayonne* aus Südwestfrankreich und dem spanischen *Jamón Ibérico*, bekannt durch die Rasse des spanischen schwarzfüßigen Schweines, das durch weite Waldweiden streift und sich von süßen wilden Eicheln, die von den reichlich vorhandenen Eichen fallen, und anderem in dieser Region heimischen Futter ernährt.

Prosciutto – die Krönung aller Schweinefleischspezialitäten.

Wie bei anderen großen Muskelfleischstücken sind die Regeln für das Pökeln ziemlich standardmäßig: Der Schinken wird komplett in Salz gepackt und für einen Tag pro Kilogramm gepökelt. Wenn nur ein Schinken gepökelt wird, wird dieser oft beschwert, um die Feuchtigkeit an die Oberfläche zu pressen. Salumieri, die mehrere Schinken herstellen, stapeln diese oft übereinander zum Zweck des Beschwerens und schichten sie im Laufe der Pökelzeit immer wieder um. Einzelne Schinken werden mit etwas Schwerem wie beispielsweise einem Betonschalstein beschwert.

Eine Sache ist für all diese Schinkenzubereitungen gleichermaßen von Bedeutung. Wenn ein Schwein geschlachtet wird, lässt man es ausbluten. Sorgfältige Fleischer achten darauf, dass alles Blut aus dem Schinken austritt, aber manchmal bleibt Blut in der Oberschenkelarterie, die innen am Oberschenkelknochen entlang verläuft.

Blut, das in einem Schinken, der gepökelt wird, verbleibt, kann sauer werden und den Geschmack des Schinkens beeinträchtigen. Daher muss man sich immer vergewissern, dass sich kein Blut mehr in der Oberschenkelarterie befindet und falls doch oder falls man nicht sicher ist, müssen diese Reste herausmassiert werden – die Industrie presst daher die Schinken als Vorsichtsmaßnahme, zu Hause massiert man mit dem Handballen entlang der gesamten Innenseite des Beines aufwärts, bis kein Blut mehr austritt.

Wegen seiner Größe und der erforderlichen langen Trocknungszeit gilt der Prosciutto als eines der schwierigsten Fleischstücke zum Lufttrocknen. Eine erfolgreiche Trocknung erfordert all die schon zuvor erwähnten speziellen Eigenschaften, einschließlich der richtigen Pökeldauer und

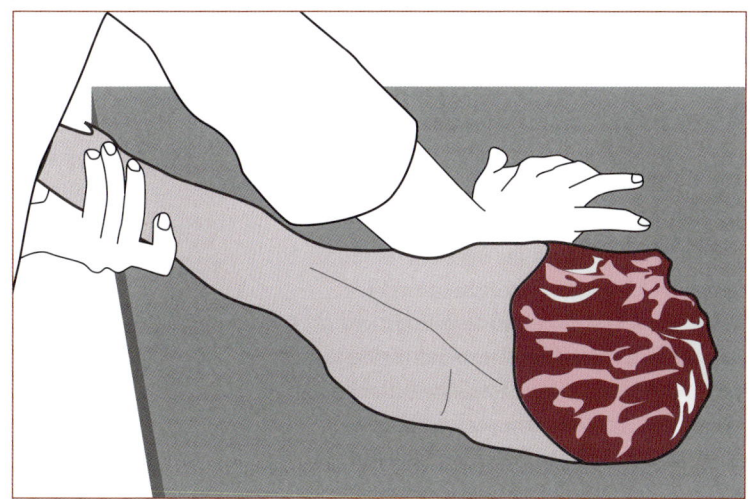

Da im Schinken verbleibendes Blut den Geschmack beeinträchtigen kann, muss man sicherstellen, dass sich kein Blut mehr in der Oberschenkelarterie befindet.

guter Trocknungsbedingungen, denn schließlich hängt er ein Jahr oder mehr ab.

Schinken können mit Knochen, wie Prosciutto, oder ohne Knochen, wie Culatello und Fiocco, luftgetrocknet werden. Wenn Sie einen luftgetrockneten Schinken herstellen wollen und der Platz beschränkt ist, wäre einer der letzteren die richtige Wahl für Sie – ist ausreichend Platz vorhanden, gibt es zum Knochenschinken keine Alternative.

Prosciutto-Herstellung

Aufgrund seiner Größe stellt dieses Fleischstück die größten Anforderungen an das Lufttrocknen. Es ist darauf zu achten, dass das Fleisch von einem Züchter stammt, der weiß, welche Voraussetzungen das Fleisch mitbringen muss, um ein guter Prosciutto zu werden. Die besten Bauern wissen, wie sie ihre Tiere behandeln müssen: natürliches Futter, ausgiebige Weideflächen, Eicheln oder Früchte auf dem Grund, wo sie gehalten werden, sind in jedem Fall von Vorteil.

Und man kann nicht oft genug betonen, wie wichtig es ist, den Muskel zu massieren, damit alles Blut, das eventuell noch in der Oberschenkelarterie ist, abfließt. Das Blut würde, wenn es nicht entfernt wird, den Schinken verderben.

Sofern man kein Fleischexperte ist, empfiehlt es sich, den Lendenknochen an der Gelenkskugel zu belassen. Der Lendenknochen ist Teil des Beckens des Schweines, der Knochen, an dem der Oberschenkelknochen sitzt. Üblicherweise wird er entfernt, wodurch die Gelenkskugel des Oberschenkelknochens sichtbar wird, aber dies begünstigt auch das Entstehen von Lufttaschen, in denen Schimmel wachsen kann. Daher ist es einfacher, den Knochen erst nach dem Trocknen zu entfernen.

Der Schinken muss vollständig in Salz eingepackt und beschwert werden, sodass so viel Feuchtigkeit wie möglich entzogen wird. Ich empfehle, zum Einsalzen zu Hause einen großen schwarzen Plastiksack zu verwenden; so bleibt das Salz am Schinken. Zum Beschweren nimmt man am besten ein Holzbrett, das genauso viel wiegt wie der Schinken. Was das Trocknen betrifft, ist eine Kammer erforderlich, die groß genug ist, um den Schinken darin aufzuhängen. Die Kammer sollte auch die meiste Zeit dunkel sein, da Licht während der Trocknungszeit das Fett ranzig werden lassen kann.

Um ein Austrocknen zu verhindern, wird nach etwa einer Woche Trocknungszeit Strutto, das ist ein Gemisch aus Mehl und Schweineschmalz zu gleichen Teilen, auf die frei liegenden Fleischstellen aufgestrichen – wer mag, gibt dieser Mischung gemahlenen Pfeffer bei.

Wenn der Schinken fertig getrocknet und zum Kosten bereit ist, entfernt man immer nur dort etwas von der Schwarte, wo man gerade

aufschneiden will – und: Knochenschinken wird mit der Hand dünn aufgeschnitten, niemals mit einer Maschine! Zum Aufbewahren bedeckt man
die Schnittfläche mit Pergamentpapier oder Fleischerpapier. Obwohl
der Schinken umso besser ist, je eher er gegessen wird, hält er sich im
Kühlschrank monatelang.

Zutaten

1 Hinterbein vom Schwein mit Knochen und Schwarte (etwa 11 kg)
Meersalz nach Bedarf (man braucht einige Kilogramm)
etwa 250 g Strutto (50 % Mehl vermischt mit 50 % Schweine-
schmalz, ich nehme 1/3 Mehl und 2/3 Schweineschmalz - mit
schwarzem Pfeffer und/oder Knoblauch gewürzt)

Zubereitung

Den Schinken in einem großen schwarzen Plastiksack oder einem Kunst-
stoffbehälter vollständig in Salz einpacken. Die gesamte Oberfläche
muss bedeckt sein.

Ein Holzbrett auf den Schinken legen, das etwa gleich schwer wie der
Schinken ist (oder entsprechend beschweren). Den Schinken für einen
Tag pro kg im Salz belassen (in diesem Fall 10 bis 12 Tage – in Italien
pökelt man bis zu 60 Tagen, das ist bei der Sack-Methode aber nicht
notwendig; wenn man den Schinken aufwendig per Hand pökeln will
(das ist nur Erfahrenen zu empfehlen), dann wird der Schinken zart mit
Meersalz eingerieben und in der Kühlkammer bei 5 °C gepökelt, wobei
das Salz ständig erneuert wird).

Jeden Tag prüfen, ob der Schinken noch vollständig mit Salz bedeckt
ist. Wenn der Schinken so viel Flüssigkeit abgegeben hat, dass er in einer
Lacke liegt, die Flüssigkeit abgießen und frisches Salz zugeben.

Nach Ablauf der 10 bis 12 Tage Schinken aus dem Salz nehmen (ich
drücke hier den Schinken noch mal aus) und unter kaltem Fließwasser
abspülen. Wenn gewünscht, etwas trockenen Weißwein darübergießen
und alles verbleibende Salz abreiben.

Schinken abwiegen und Gewicht notieren. Schinken am Huf binden
und in die Trockenkammer hängen. Nach ungefähr einer Woche, wenn
das frei liegende Fleisch etwas trocken ist, mit Strutto bestreichen. Dann
den Schinken ein Jahr lang so belassen oder so lange, bis er 30 % seines
ursprünglichen Gewichtes verloren hat. Er wird schon nach 10–12 Monaten fertig sein, doch ein paar Monate mehr schaden ihm keinesfalls.
Abhängig von den Bedingungen in der Trockenkammer kann man den
Schinken dort bis zu zwei Jahre belassen – doch es besteht die Gefahr,
dass er trocken, ledrig und hart wird, wenn er zu lange trocknet.

CULATELLO

Culatello funktioniert ausschließlich mit dem besten, natürlich aufge-
wachsenen Schwein, das erhältlich ist. Auch die Art des Salzes und
die Trocknungsbedingungen sind entscheidende Faktoren, die dem
Schinken seinen eigenen charakteristischen Geschmack geben. Man
braucht übrigens eine Schweineblase sowie eine Fleischernadel und
Zwirn zum Zunähen.

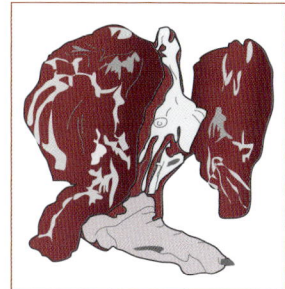

Zutaten
1 Schinken, zugeputzt (ca. 4,5 kg)
Meersalz nach Belieben
250 ml trockener Weißwein
1 laminierte Schweinsblase, über Nacht in Wasser eingeweicht

Zubereitung
Den Schinken in Form binden, einsalzen und nach der Salz-Box-Methode
in einen 9-Liter-Plastik-Zipp-Beutel geben. Beutel verschließen und die
Luft bestmöglich herauspressen. Kühlen (idealerweise bei 3,3 °C – Pökelzeit ein Tag pro kg Fleisch, entspricht sechs bis sieben Tage für einen
Schinken der Größe in diesem Rezept). Das Fleisch jeden Tag massieren
und mit dem Salz einreiben. Aufgrund des relativ geringen Salzgehaltes
sollte man den Schinken einige Tage länger pökeln, wenn man sicher
gehen will – ein Übersalzen ist kaum möglich.

Den entschwarteten Hinterschinken rund um das Knie aufschneiden, dann beginnend vom Knie das innenliegende hintere Fleisch entlang des Knochens auslösen, danach den Schinken drehen und das restliche Fleisch auslösen – das Bild zeigt den eigentlichen Culatello (links, da das Bein bereits gedreht ist) und den sogenannten Fiocco (im Bild rechts), der ebenfalls wie Culatello luftgetrocknet werden kann.

Fleisch aus dem Beutel nehmen, Salz so gut wie möglich abbürsten
und mit Wein das restliche Salz abspülen. Mit Papiertuch trocken tupfen.

Schweinsblase auf einer Seite fast bis nach unten aufschneiden, die
Blase um den Schinken hüllen und zunähen, dabei konstant Druck auf
die Blase ausüben, sodass alle Lufttaschen herausgepresst werden.

Den Culatello mit Fleischergarn binden – dies ist heikel und muss mit
Sorgfalt gemacht werden! Das Garn ist notwendig, um den Schinken so
kompakt wie möglich zu machen und ihn beim Hängen zu stützen (den
Geschmack beeinflusst das aber nicht).

Culatello für mindestens vier bis fünf Monate in die Trockenkammer
hängen, bis das Fleisch getrocknet, aber noch elastisch ist oder bis es
30 % seines Rohgewichtes verloren hat. (Unter geeigneten Bedingungen
kann Culatello 36 Monate oder länger lufttrocknen.)

Das richtige Binden von Culatello

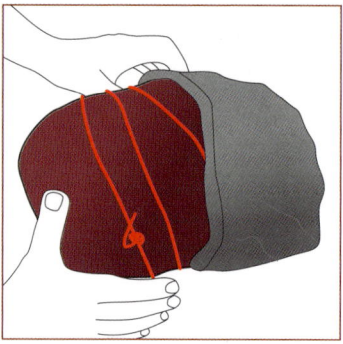

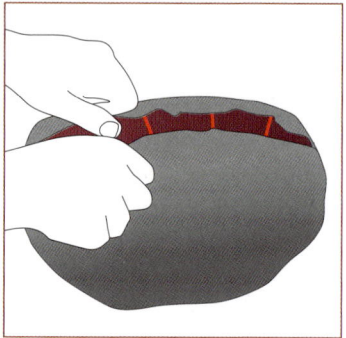

Der ausgelöste Culatello wird (wie ein Rollbraten) zusammengerollt und, an 4–5 Stellen mit einem Wurstgarn fest zugeschnürt, gepökelt (siehe Rezept).

Nachdem der Culatello ausreichend gepökelt worden ist, wird er gebürstet, gewaschen, getrocknet und in die Schweinsblase gestopft.

Die Schweinsblase fest um das Fleisch zurren und darauf achten, dass sich keine Lufttaschen zwischen Fleisch und Blase bilden.

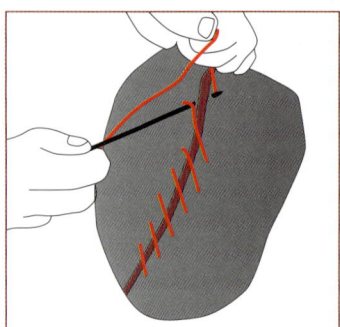

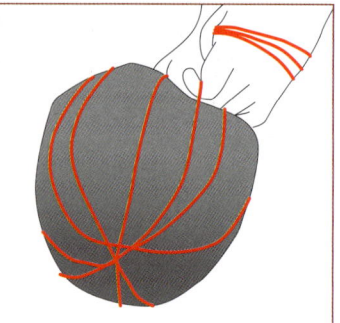

Mittels einer großen Nadel und Fleischergarn, vom schmalen Ende beginnend, die Blase zunähen, dabei immer wieder darauf achten, dass sich keine Luftblasen bilden und dass das Fleisch fest eingeschlossen ist.

Nachdem das Fleisch in die Blase eingenäht worden ist, wird der Culatello gebunden. Dazu wird ein Wurstgarn oder Zwirn fünfmal rund um den gesamten Schinken gewickelt, sodass der Culatello insgesamt zehn vertikale Verschnürungen hat; diese am oberen Ende fest verknoten.

Mit einem weiteren langen Wurstgarn oder Zwirn den Culatello nun auch horizontal binden; hierfür, am oberen Ende beginnend, in engen Abständen schneckenförmig um den Schinken binden und mit dem Zwirn dabei alle vertikalen Streben umschlingen. Schließlich soll der Culatello aussehen, als sei er in ein Spinnennetz geschnürt worden. Alle Fäden am Ende fest verknoten und den Culatello zum Reifen aufhängen.

Lamm-Prosciutto mit Knoblauch

Lamm-Prosciutto ist eine großartige Variante des klassischen luftgetrockneten Schinkens, sowohl was den Geschmack als auch was die Leichtigkeit des Trocknens anbelangt; zunächst einmal wird der Lammschinken mit Knochen getrocknet und er ist außerdem kleiner als ein Schweineschinken und trocknet daher viel schneller. Die einfache Pökelmischung aus Pfeffer, Knoblauch und Salz ergibt einen herrlich intensiven Lamm-Knoblauch-Geschmack.

Zutaten

1 Lamm-Schinken (etwa 3,5 kg)
2 Knollen Knoblauch, in Zehen zerteilt, geschält und gehackt
60 g schwarze Pfefferkörner, geröstet und grob gemahlen
grobes Meersalz
trockener Weißwein zum Abspülen des Beines

Zubereitung

Lammschinken abwiegen und Gewicht notieren. Rundherum mit Knoblauch einreiben, dann mit Pfeffer bedecken. Lammschinken in einen großen Plastikbeutel geben und so viel Salz dazugeben, dass der Schinken komplett in Salz eingepackt ist. Beutel verschließen und die Luft so gut wie möglich herauspressen.

Den Schinken auf ein Backblech legen, eine Pfanne darauflegen und mit einem Gewicht von mindestens 5 kg beschweren. Für einen Tag pro kg seines Gewichtes kühl pökeln. Jeden Tag prüfen, ob der Lammschinken noch vollständig mit Salz bedeckt ist.

Lammschinken unter kaltem Wasser abspülen, um alles Salz zu entfernen. Mit Wein abreiben.

Lammschinken, wie beim Prosciutto, anbinden und in die Trockenkammer hängen. Der Schinken ist fertig, wenn er etwa 30 % seines Rohgewichtes verloren hat, was etwa nach drei bis vier Monaten der Fall ist.

Gänse-/Entenbrust

Das bei Weitem am einfachsten zu trocknende Stück Fleisch ist die Gänse- oder Entenbrust. Es ist vor allem Anfängern zu empfehlen, die noch eine gewisse Scheu vor dem Lufttrocknen haben – der Erfolg wird beflügeln.

Es wird nicht einmal eine spezielle Trockenkammer benötigt, lediglich ein kühler dunkler Ort. Für dieses Rezept kann jede Gans verwendet werden. Die Brust einer Ente, die für Foie gras gezüchtet wird, ist fast genauso groß wie die einer Gans und kann für dieses Rezept ebenso verwendet werden. Gänsebrust schmeckt aber etwas vollmundiger als Ente.

Das Fett wird weich und cremig, das Fleisch bekommt eine dichte, dunkelrote Farbe und einen ausgeprägten, würzigen Geschmack. Zum Aufbewahren die Gänsebrust in Papier wickeln; sie hält zwei Wochen, wenn sie gut getrocknet ist – vakuumiert und im Kühlschrank aufbewahrt sogar wesentlich länger.

Zutaten

1 ganze Gänse- oder große Entenbrust, filetiert
und Silberhäutchen entfernt
5 g Nitritpökelsalz
1 g getrocknete Lorbeerblätter, fein gemahlen
1 g getrockneter Thymian, fein gemahlen
4-6 Wacholderbeeren, zerstoßen
5-6 schwarze Pfefferkörner, zerstoßen
1 Knoblauchzehe, hauchdünn blättrig geschnitten
grobes Meersalz

Zubereitung

Nitritpökelsalz, Lorbeerblätter, Thymian, Wacholderbeeren und Pfeffer in eine kleine Schüssel geben und gut durchmischen. Brüste mit dem Knoblauch einreiben und dann mit der Gewürzmischung bestreuen.

Die Brüste in einen Plastikbehälter, der gerade groß genug ist, sie aufzunehmen, oder in einen passenden Plastikbeutel geben und genug Salz dazugeben, sodass sie vollständig mit Salz umhüllt sind. 24 Stunden kühlen.

Die Brüste unter kaltem Wasser abspülen und trocken tupfen. Die Brüste in Mulltuch einwickeln und in ein Stück Endlosnetz binden.

Die Brüste an einem kühlen, dunklen Ort für ein bis drei Wochen aufhängen oder so lange, bis sie sich fest, aber nicht hart anfühlen. Vor dem Aufschneiden über Nacht kühlen.

HINWEIS   **Räuchern für den Geschmack**

Wenn man die gepökelten Brüstchen nach einer Reifezeit von 2–3 Tagen dezent kaltem Rauch aussetzt (Kalträuchern), entwickelt die Haut eine schöne bronzene Farbe und der Geschmack des Fleisches ist noch vielschichtiger.

Bild rechte Seite:
Gänsebrust schmeckt
etwas vollmundiger als
Entenbrust, insbesondere,
wenn sie wie hier leicht
geräuchert wurde.

Salami

Anders als bei luftgetrocknetem Schinken wird Salami fermentiert, was gewisse Gefahren mit sich bringt: es kann zu ernsthaften Erkrankungen führen, wenn man nicht aufpasst und nicht das Richtige tut. Der Botulismus zählt zu den tödlichsten Vergiftungen auf Erden. Gehen Sie also mit fermentiertem Fleisch, das bei nahezu Raumtemperatur trocknet, sehr sorgfältig um.

Gott sei Dank ist es bei Beachtung aller Regeln relativ einfach, auch diese Produkte sicher und schmackhaft herzustellen.

Das Thema Botulismus betrifft nur Wurstwaren – das anaerobe Bakterium entsteht nicht an der Oberfläche von Fleisch, es kann nur im luftlosen Inneren einer Wurst wachsen und Toxin produzieren (oder beispielsweise in einem zu Hause selbst eingekochten Glas Bohnen oder Knoblauch in Olivenöl). Man muss nur ein paar Regeln beachten, um *Clostridium botulinum* daran zu hindern, die Wurstware zu verderben.

Italienische Salami wird aus jenen Fleischresten, die beim Schlachten und Tranchieren eines Tieres weggeschnitten werden, hergestellt. Diese werden mit Fett gemischt, faschiert, gewürzt, in Wursthüllen gefüllt und zum Trocknen aufgehängt. Für wirklich gute luftgetrocknete Wurst dürfen aber nicht wahllos alle Fleischreste verwendet werden: Die Wurst ist kein Abfalleimer.

Nur qualitativ hochwertige Fleischreste, saubere Stücke von exzellentem Fleisch und Fett, von allen Sehnen befreit, werden verwendet.

HINWEIS	Auch für Würste höchste Qualität!

Als Regel gilt: nur das in den Fleischwolf geben, was man auch als Ganzes essen würde.

Schweinefleisch ist das Fleisch, das üblicherweise zum Lufttrocknen verwendet wird, weil es so gut schmeckt. Es gibt kein besseres Fleisch für die Herstellung von Salami und kein besseres Fett. Aber auch andere Fleischsorten können zu ausgezeichneter Salami verarbeitet werden. Wildschwein, Cinghiale, ist das in Italien so beliebte Fleisch für Salami. Rindfleisch, Wild und Lammfleisch sind ebenfalls geeignet, nicht aber deren Fett – daher wird für diese Wurstarten immer empfohlen, 75 % mageres Fleisch und 25 % Schweinefett zu verwenden.

Die Würzung ist von wesentlicher Bedeutung. **Salz** ist natürlich das Gewürz Nummer eins: Es ist ausschlaggebend für Geschmack und Sicherheit. Der richtige Salzgehalt, zwischen 2,3 % und 3 % (vom Gewicht der Fleischmischung), gewährleistet das richtige Pökeln und verhindert schädliche Mikroorganismen, die, wenn sie sich im warmen Hackfleisch vermehren, Krankheiten verursachen können. **Schwarzer Pfeffer** ist ein übliches Gewürz, ebenso wie **Knoblauch** (obwohl Botulismussporen, die in der Erde vorkommen, mit dem Knoblauch eingeschleust werden könnten). **Wein** kann hinzugefügt werden. Dies sind die allgemeinen Grundlagen für Salami und mehr bedarf es nicht – ein qualitativ hochwertiges Schweinefleisch vorausgesetzt.

Je nach Rezept können natürlich noch Cayennepfeffer oder Chili für eine scharfe Salami dazugegeben werden oder Aromata wie Fenchelsamen oder Orangen-Zesten.

Es gibt bei manchen Fleischern die Philosophie, zwei weitere Zutaten – nämlich Natriumnitrat und Laktobacillus-Bakterien – hinzuzugeben. Die Hauptfunktion des Nitrats ist die Verhinderung einer Vergiftung durch Botulismus und die Bakterien bilden Säure, wodurch der Wurst beim Pökeln und Lufttrocknen zusätzlicher Schutz geboten wird. Doch das ist erstens nicht unumstritten und zweitens bei allen Salumi-Herstellern in Italien verpönt – aber sie tun es trotzdem, denn Pökelsalz findet sich in fast allen italienischen Wurstwaren. Um absolut sicher zu gehen, sollte die Wurst nicht ohne Nitritpökelsalz hergestellt werden!

Bakterien sind ein anderes Thema. Alle Salami-Hersteller wissen, dass sich „gute" Bakterien von Zucker ernähren und als Nebenprodukt Säure bilden, die den pH-Wert der Wurst senkt (d. h. den Säuregehalt erhöht), was ein für schädliche Bakterien unwirtliches Milieu schafft und wodurch erfreulicherweise jener scharf-würzige Geschmack entsteht, den wir so lieben. Wie diese Bakterien in die Wurst gelangen, ist eine Streitfrage: Die meisten Hersteller von im Handwerksbetrieb erzeugter qualitativ hochwertiger Salami verwenden ein kommerziell hergestelltes Bakterium. Es funktioniert gut und zuverlässig, aber kann bewirken, dass die Salami für den Geschmack von so manchem Traditionalisten zu würzig ist.

Nur qualitativ hochwertige Fleischreste für die Herstellung von Salami verwenden.

Erfahrene Salami-Hersteller vertrauen auf das Bakterium, das bereits auf der Oberfläche des Fleisches vorhanden ist und das bei einem bestimmten Salzgehalt in der Wurst gedeiht. Diese Methode ergibt einen sehr feinen Geschmack, hat aber den Nachteil, dass das Bakterium nicht kontrollierbar ist und es nicht gelingt, den für ein gutes Haltbarmachen erforderlichen Säuregehalt der Wurst zu erzielen. Ich empfehle daher unbedingt den Einsatz von kommerziell hergestellten Starterkulturen – sowohl für die Konsistenz der Salami als auch für die Lebensmittelsicherheit.

Salami
Ein einfaches Ausgangsprodukt

Das folgende Rezept ist die Basis für andere Salami-Rezepte, aber die Technik ähnelt der für jede andere luftgetrocknete Wurst.

> Man nimmt Salz in Höhe von 2,75 % (0,0275) des Gewichtes von Fleisch und Fett sowie Natriumnitrat in Höhe von 0,25 % (0,0025) des Gewichtes von Fleisch und Fett. Wenden Sie dieselben Prozentsätze an, wenn Sie die Menge verringern oder erhöhen möchten.

Die Mischung kann in eine Wursthülle jeglicher Größe gefüllt werden; je kleiner die Hülle, umso leichter wird die Wurst erfolgreich zu trocknen sein. Ich verwende für die meisten luftgetrockneten Würste Rinderdärme (am besten Bimmerling/Blinddarm) mit einem Durchmesser von ca. 5 cm, in 45–50 cm lange Stücke geschnitten. Sie werden alle mit einem Braten-Knoten abgebunden, um zu verhindern, dass sie während des Abhängens aus der Schnur rutschen (siehe Seite 133).

Zutaten
2 kg fette Schweineschulter, großwürfelig geschnitten, Sehnen und Drüsen entfernt, sehr stark gekühlt (0 °C)
500 g Schweinerückenfett, großwürfelig geschnitten
70-75 g Meersalz
7-10 g Nitritpökelsalz
5 g schwarze Pfefferkörner, geröstet und fein gemahlen
75 ml gekühlter trockener Rotwein
Starterkulturen nach Packungsangabe
2 EL destilliertes Wasser
2 Rinderdärme, 45 cm lang, in lauwarmem Wasser zumindest 20 Minuten eingeweicht und gespült
fakultativ: Schimmelpilzkulturen

Bild rechte Seite:
Verschiedene Salami-
variationen

Zubereitung

Fleisch und Fett teilweise tiefkühlen.

Schulter, Salz, Pökelsalz und schwarzen Pfeffer vermischen und durch die 9-mm-Scheibe faschieren. Fett ebenfalls in die Schüssel faschieren.

Fleisch und Fett mixen und dabei den Wein beigeben. Die Mischung für 30 Minuten in der Schüssel im Tiefkühler kühlen.

Starterkulturen in destilliertem Wasser auflösen. Die Starterkultur in die Fleischmischung mixen, bis sie gut verteilt ist.

Ein Ende einer jeden Wursthülle mit einem Knoten abbinden. Die Wurstmasse in die Hüllen einfüllen und mit einem weiteren Knoten abbinden. Mit einer sauberen Nadel, einer Wurst-Ahle oder einer Messerspitze überall Löcher in die Wurst stechen, besonders dort, wo Lufteinschlüsse sein könnten.

Die Würste für 12 Stunden an einem warmen Ort stehen lassen (idealerweise bei 27 °C und 80 % Luftfeuchtigkeit).

Würste in die Trockenkammer hängen. Wenn die Schimmelmethode angewandt wird, die Würste entsprechend der Gebrauchsanweisung auf der Packung behandeln. Die Salami sind fertig, wenn sie etwa 30 % ihres Rohgewichtes verloren haben.

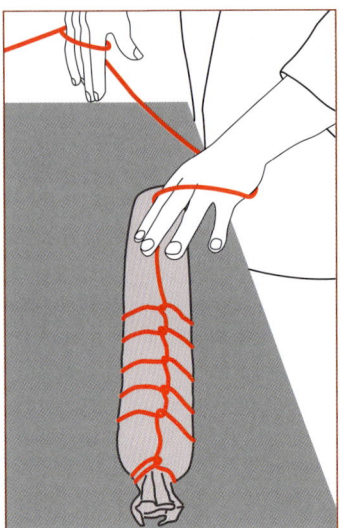

Einen festen Anfangsknoten binden (Professionisten nennen diesen „Bubble Knot") und von da weg ...

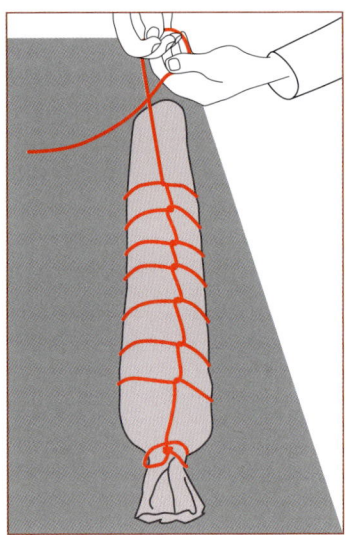

... die Wurst über die Hand mit Schlaufen in engen Abständen mit Spannung umwickeln.

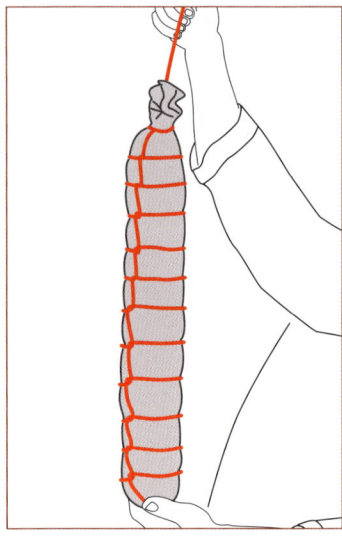

Wenn man am Ende angelangt ist, wird das Garn über dieses geschlagen und nach oben geflochten, sodass die Salami wie in ein Netz gewickelt aussieht.

Hinweise zur Produktion: Die angeschnittene Salami sollte fest und durch und durch eine ansprechende dunkelrote Farbe mit weißen Fettpunkten haben, alles in einem hübschen Mosaik angeordnet. Wenn sich jedoch ein Ring dunklen trockenen Fleisches um ein roh und weich aussehendes Inneres zeigt, handelt es sich um eine Fehlproduktion. Nach der optischen Begutachtung an der Salami riechen; zum Vergleich ein gutes italienisches Produkt hernehmen. Wenn sie gut riecht, einen Teil der Wursthülle abschälen, die Salami dünn aufschneiden und kosten. Wenn sie gut schmeckt, ist das Werk vollbracht!

SALAMI AL TARTUFO
(Trüffelsalami)

Trüffel ist immer eine gute Sache. Es können sowohl weiße als auch schwarze Trüffel verwendet werden. Gut dosiert ist Trüffel-Öl eine preiswerte Möglichkeit, jedoch etwas penetrant im Aroma. Auf jeden Fall gibt der Trüffel der Salami einen wunderbaren Duft und Geschmack.

Zutaten
2 kg fette Schweineschulter, großwürfelig geschnitten
500 g Schweinerückenfett, großwürfelig geschnitten
60-75 g Meersalz
1 TL Nitritpökelsalz
1 EL schwarzer Pfeffer, fein gemahlen
1 große schwarze Trüffel, gut gereinigt,
oder 60-75 ml weißes Trüffelöl
4-6 Knoblauchzehen, gehackt
200 ml gekühlter trockener Weißwein
die notwendige Menge Lebendstarterkultur
nach Packungsangabe
2 EL destilliertes Wasser
optional Schimmelpilz, 2 45-50 cm lange Därme
für Salami, in lauwarmem Wasser für mindestens
20 Minuten eingeweicht und gespült

Zubereitung
Fleisch und Fett getrennt voneinander teilweise tiefkühlen.

Schweinefleisch, Fett, Salz, Pökelsalz, Pfeffer, Trüffel (oder Trüffel-Öl) und Knoblauch vermischen und durch die 6-mm-Scheibe des Fleischwolfs drehen. Am besten unter Verwendung des Paddel-Aufsatzes der Küchenmaschine auf mittlerer Stufe mixen, dabei den Wein zugeben, so lange mixen, bis alle Zutaten gut vermengt sind – oder mit „kühlen" Händen kneten. Starterkulturen in destilliertem Wasser auflösen, zum

Fleisch geben und erneut gut mixen, bis alles gut verteilt ist und das Fleisch eine klebrige Konsistenz aufweist.

Jeweils ein Ende der Wursthüllen mittels eines festen Knotens abbinden. Die Wurstmasse in die Hüllen füllen und wieder mit einem Knoten abbinden. Mit einer sauberen Nadel, einer Wurst-Ahle oder einer Messerspitze überall Löcher in die Wurst stechen, besonders dort, wo Lufteinschlüsse sein könnten.

Die Würste für 12 Stunden an einem warmen Ort stehen lassen (idealerweise bei 27 °C und 80 % Luftfeuchtigkeit).

Würste in die Trockenkammer hängen. Wenn die Schimmelmethode angewandt wird, die Würste entsprechend der Gebrauchsanweisung auf der Packung behandeln. Die Salami sind fertig, wenn sie etwa 30 % ihres Rohgewichtes verloren haben, was etwa nach drei Wochen der Fall ist.

FINOCCHIONA

Finocchiona (*Finocchio* ist das italienische Wort für Fenchel) ist eine intensiv mit gerösteten und zerstoßenen Fenchelsamen gewürzte Wurst. Nur gute Samen verwenden, nicht welche, die Sie schon wer weiß wie lange in Ihrem Gewürzregal herumstehen haben.

Pfefferkörner, die importiert wurden, waren früher sehr teurer, Fenchel hingegen wuchs überall wild, weshalb er gerne als Ersatz genommen wurde. Er gibt luftgetrocknetem Schweinefleisch eine stark blumige Note. Obwohl Finocchiona in ganz Italien hergestellt wird, ist das Chianti-Gebiet für diese Spezialität besonders bekannt. Zu empfehlen sind wilde Fenchelsamen, denn sie haben einen schärferen und charakteristischeren Geschmack.

Wenn die Salamis etwa 30 % ihres Rohgewichtes verloren haben, sind sie fertig.

Zutaten

1,5 kg magere Schweineschulter, großwürfelig geschnitten
750 g Schweinerückenfett, großwürfelig geschnitten
60 g Meersalz
10 g Nitritpökelsalz
7 g schwarzer Pfeffer, grob gemahlen
12 g Dextrose
12 g wilde Fenchelsamen, geröstet und zerstoßen
(ersatzweise 20 g normaler Fenchel)
4-6 Knoblauchzehen, gehackt
125 ml gekühlter trockener Rotwein, wie z. B. Chianti
Starterkultur nach Packung
2 EL destilliertes Wasser
Schimmelpilz, optional
2 Salamidärme, 45 cm lang, in lauwarmem Wasser für
mindestens 20 Minuten eingeweicht und gespült

Zubereitung

Fleisch und Fett teilweise tiefkühlen.

Schweinefleisch durch eine 12-mm-Scheibe faschieren (extragroß). Fett in die Schüssel faschieren. Salz, Pökelsalz, Pfeffer, Dextrose, Fenchelsamen und Knoblauch zugeben. Am besten unter Verwendung des Paddel-Aufsatzes auf höchster Stufe mixen, dabei den Wein zugeben, so lange mixen, bis alle Zutaten gut verteilt sind und das Fleisch eine klebrige Konsistenz aufweist.

Starterkulturen in destilliertem Wasser auflösen, zum Fleisch geben und noch etwa eine Minute mixen, bis es gut verteilt ist.

Jeweils ein Ende der Wursthüllen mittels eines Knopf-Knotens abbinden. Die Wurstmasse in die Hüllen füllen und wieder mit einem Knoten abbinden. Mit einer sauberen Nadel, einer Wurst-Ahle oder einer Messerspitze überall Löcher in die Wurst stechen, besonders dort, wo Lufteinschlüsse sein könnten.

Die Würste für 12 Stunden an einem warmen Ort stehen lassen (idealerweise bei 27 °C und 80 % Luftfeuchtigkeit).

Würste in die Trockenkammer hängen. Wenn die Schimmelmethode angewendet wird, die Würste entsprechend der Gebrauchsanweisung auf der Packung behandeln. Die Salami sind fertig, wenn sie etwa 30 % ihres Rohgewichtes verloren haben, also etwa nach drei Wochen.

SALAMI PICANTE
(Scharfe Salami)

Salami Picante – scharfe Salami – wird mit scharfen roten Pfefferflocken hergestellt. Sie wird traditionellerweise in Süditalien verzehrt.

Zutaten
1,5 kg magere Schweineschulter, großwürfelig geschnitten
750 g Schweinerückenfett, großwürfelig geschnitten
75 g Meersalz
12 g Nitritpökelsalz
7 g schwarzer Pfeffer, frisch gemahlen
12 g rote Pfefferflocken
10 g Fenchelsamen
12 g Dextrose
3-5 Knoblauchzehen, gehackt
125 ml gekühlter trockener Rotwein
Starterkultur nach Packungsangabe
2 EL destilliertes Wasser
Schimmelpilz, optional
2 Rinderdärme für Salami, 45 cm lang, in lauwarmem Wasser für mindestens 20 Minuten eingeweicht und gespült

Zubereitung
Fleisch und Fett teilweise tiefkühlen.

Schweinefleisch durch eine 6-mm-Scheibe wolfen (mittel). Fett in die Schüssel faschieren. Salz, Pökelsalz, schwarzen Pfeffer, rote Pfefferflocken, Fenchelsamen, Dextrose und Knoblauch zugeben. Am besten unter Verwendung des Paddel-Aufsatzes auf mittlerer Stufe mixen, dabei den Wein zugeben, so lange mixen, bis alle Zutaten gut verteilt sind und das Fleisch eine klebrige Konsistenz aufweist.

Starterkulturen in destilliertem Wasser verrühren, zur Wurstmasse geben und noch eine weitere Minute lang mixen, bis alles gut verteilt ist.

Jeweils ein Ende der Wursthüllen mittels eines Knopf-Knotens abbinden. Die Wurstmasse in die Hüllen füllen und wieder mit einem Knoten abbinden.

Die Würste für 12 Stunden an einem warmen Ort stehen lassen (idealerweise bei 27 °C und 80 % Luftfeuchtigkeit).

Würste in die Trockenkammer hängen. Wenn die Schimmelmethode angewendet wird, die Würste entsprechend der Gebrauchsanweisung auf der Packung behandeln. Die Salami sind fertig, wenn sie etwa 30 % ihres Rohgewichtes verloren haben (ca. nach drei Wochen).

SALAMINI CACCIATORE
(Jagdwurst)

Diese nach dem Trocknen sehr festen und zähen Würste hängen in den Salumerias in ganz Italien in großen Bündeln, manchmal von der Decke fast bis zum Boden. Üblicherweise wird dünne Fleischerschnur zum Abbinden der einzelnen Würste verwendet. Die Schnur wird dann zur Stützung um die Glieder der Wurstkette gewickelt, damit die obere Wursthülle nicht unter dem Gewicht von 50 oder 60 verknüpften Würsten reißt. Würste in dieser Art zu binden ist aber eine Kunst für sich.

Für dieses Rezept benötigt man Schweinefleisch, Schweinefett und Wildschwein, besser als Wildschein wäre noch Hirschfleisch. Wenn man kein Wild mag, kann man für diese sehr würzige Wurst auch Rindfleisch verwenden.

Zutaten

900 g Schweineschulter, großwürfelig geschnitten
900 g Wildschwein oder Hirsch, von Fett befreit, großwürfelig geschnitten
56-60 g Meersalz
7 g Nitritpökelsalz
6 g schwarzer Pfeffer, grob gemahlen
9 g Koriandersamen, geröstet und grob gemahlen
4-5 g Cayennepfeffer
3-4 g Macis, gemahlen
10 g Dextrose
450 g Schweinerückenfett, großwürfelig geschnitten
125 ml trockener Weißwein
Starterkultur nach Packungsangabe
2 EL destilliertes Wasser
3 m Schweinedarm, in lauwarmem Wasser mindestens 20 Minuten eingeweicht und gespült

Zubereitung

Fleisch und Fett teilweise einfrieren.

Schweinefleisch, Wildfleisch, Salz, Pökelsalz, Pfeffer, Koriander, Cayennepfeffer, Macis und Dextrose vermischen und durch die extragroße 12-mm-Scheibe wolfen. Mit Plastikfolie abdecken und mindestens 24 Stunden kühlen.

Gewürfeltes Fett zu der faschierten Mischung geben und alles nochmal durch die mittelgroße 6-mm-Scheibe wolfen. Am besten mit dem Paddel-Aufsatz auf mittlerer Stufe mixen, dabei den Wein zugeben, bis alle Zutaten gut verteilt sind.

*Wer kein Wild mag, kann
für die Salami Cacciatore
auch Rindfleisch ver-
wenden.*

Starterkulturen nach Packungsangabe hinzufügen und alles nochmals mixen, bis es gut verteilt ist und das Fleisch eine klebrige Konsistenz aufweist.

Wurstmasse in die Schweinedärme füllen und in jeweils 10–12 cm lange Wurstglieder abdrehen. Mit einer sauberen Nadel, einer Wurst-Ahle oder einer Messerspitze überall Löcher stechen, besonders dort, wo Lufteinschlüsse vorkommen könnten.

Würste an einem warmen Ort etwa 24 Stunden aufhängen (idealerweise bei 27 °C und 80 % Luftfeuchtigkeit).

Würste in der Trockenkammer aufhängen. Die Salamini sind fertig, wenn sie etwa 30 % ihres Rohgewichtes verloren haben.

Salsiccia di Cinghiale Crudo
(Wildschweinrohwurst)

Cinghiale wird in Italien das Wildschwein (bzw. der Keiler) genannt und dieser ergibt eine fabelhafte Wurst. Diese Würste sind überall dort beliebt, wo Wildschweine gejagt werden.

Während wir uns heutzutage bei Hausschweinen bezüglich Trichinose keine Sorgen machen müssen, so muss man das Thema bei Wild ansprechen, denn diese Tiere können sehr wohl von Parasiten befallen sein.

Daher empfiehlt es sich, das Fleisch vor der Verarbeitung für drei bis vier Wochen einzufrieren, um sicherzugehen.

Es gibt keine Wurst, die mit Wildwurst – insbesondere vom Wildschwein – vergleichbar wäre. Sie hat einen intensiven Geschmack, eine dunkle Farbe und eine einzigartige Würze.

Zutaten

1,5 kg Wildschweinschulter oder Wildschwein-Fleischreste,
tiefgefroren und großwürfelig geschnitten
500 g Schweineschulter, großwürfelig geschnitten
75 g Meersalz
8 g Nitritpökelsalz
7 g schwarzer Pfeffer, grob gemahlen
10 g Koriandersamen, geröstet und gemahlen
5 g Cayennepfeffer
4 g Macis, gemahlen
10 g Dextrose
500 g Schweinerückenfett, großwürfelig
geschnitten und gut gekühlt
125 ml trockener Weißwein
Starterkulturen nach Packungsangabe
Schimmelpilz, optional
2 Rinderdärme für Salami, 45 cm lang, in lauwarmem
Wasser für mindestens 20 Minuten eingeweicht und gespült

Zubereitung

Wildschweinfleisch teilweise auftauen, mit Schweinefleisch, Salz, Pökelsalz, Pfeffer, Koriander, Cayennepfeffer, Macis und Dextrose vermischen
und durch die 12-mm-Scheibe wolfen. Zudecken und für mindestens acht
bis maximal 24 Stunden kühlen.

Fett zum faschierten Fleisch geben und alles durch die mittlere Scheibe faschieren. Am besten unter Verwendung des Paddel-Aufsatzes oder
mit kühlen Händen mixen, dabei Wein zugeben und so lange mixen, bis
alle Zutaten gut verteilt sind, mindestens aber eine Minute.

Starterkulturen nach Packungsangabe hinzufügen und dafür sorgen,
dass alles gut eingearbeitet ist und das Fleisch eine klebrige Konsistenz
aufweist.

Jeweils ein Ende der Wursthüllen mittels eines Knopfknotens abbinden. Die Wurstmasse in die Hüllen füllen und wieder mit einem Knoten abbinden. Mit einer sauberen Nadel, einer Wurst-Ahle oder einer
Messerspitze überall Löcher in die Wurst stechen, besonders dort, wo
Lufteinschlüsse sein könnten.

Die Würste für 12 Stunden an einem warmen Ort stehen lassen (idealerweise bei 27 °C und 80 % Luftfeuchtigkeit).

Würste in die Trockenkammer hängen. Wenn die Schimmelmethode
angewendet wird, die Würste entsprechend der Gebrauchsanweisung
auf der Packung behandeln. Die Salami sind fertig, wenn sie etwa 30 %
ihres Rohgewichtes verloren haben (etwa nach drei Wochen).

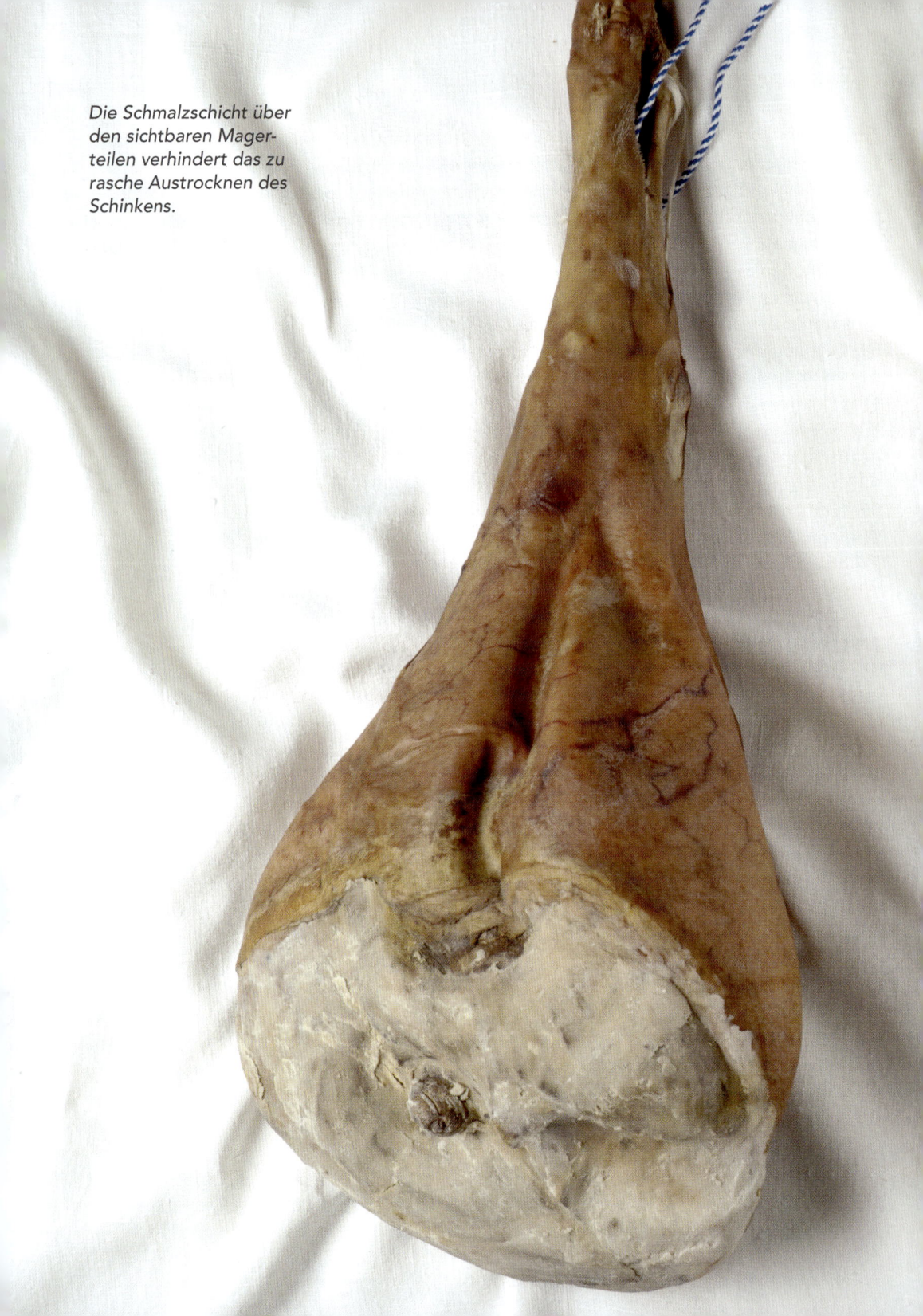

Die Schmalzschicht über den sichtbaren Mager-teilen verhindert das zu rasche Austrocknen des Schinkens.

Bekannte luftgetrocknete Schinken vom Schwein

Der Inbegriff von luftgetrocknetem Fleisch ist sicherlich der Prosciutto, die legendäre Hinterkeule vom Schwein. Prosciutto gibt es jedoch nicht nur in Italien, sondern in vielen Regionen – hier ein Überblick über die wichtigsten Vertreter dieser einzigartigen Köstlichkeit:

Parma-Schinken (Prosciutto di Parma)	der wohl bekannteste Rohschinken mindestens 10 kg schwere Schweinekeulen (die Tiere, die mit Molke aus der Parmigiano-Reggiano-Produktion gemästet wurden, müssen bei der Schlachtung mindestens neun Monate alt sein und 150 kg wiegen) zur Konservierung wird das Salz einen Monat lang täglich mit der Hand eingerieben, danach reifen die Keulen samt Knochen mindestens 12 Monate (die besten Qualitäten mindestens 24 Monate) kräftig-salzig-würziger Geschmack nur echt mit dem Stempel der fünfzackigen Krone
San-Daniele-Schinken (Prosciutto di San Daniele)	Knochenschinken aus der gleichnamigen friulanischen Stadt Keulen besonders schwerer, frei lebender Schweine handwerkliche Kunst, sparsam verwendetes Meersalz, die relativ kurze Pökelzeit (pro kg Gewicht nur 1 Tag) und die einzigartige Luft (zwischen Meer und Karnischen Alpen herrscht ein besonderes Klima) sorgen für den besonders milden (süßlichen) Geschmack spezielle Gitarren-ähnliche Form durch Pressen vor dem Lufttrocknen nur echt mit dem Siegel des Konsortiums
Prosciutto Veneto	in Venetien unter dem Markennamen „Berico-Euganeo" bekannt (trägt das DOP-Gütesiegel) kleinere Keulen mit 8–11 kg (Tiere mit maximal 150 kg Schlachtgewicht – daher wesentlich magerer als San-Daniele- und Parma-Schinken) vermutlich ein echter Urschinken, der schon vor 6.000 Jahren in ähnlicher Form hergestellt wurde
San-Leo-Prosciutto (Prosciutto di Carpegna)	die Spezialität aus den Marken ist der vielleicht edelste und beste italienische Schinken Keulen von alten italienischen Hausschweinrassen, die mit Mais und Molke gemästet wurden die Keulen werden mit feinstem Meersalz eingerieben und getrocknet und reifen mindestens 14 Monate besonders milder Geschmack
Prosciutto Aquilano	ein besonders herzhafter, luftgetrockneter Schinken aus den italienischen Marken besonderes Aroma durch die typische Pfefferkruste, die den Schinken ummantelt
Prosciutto Toscano	ein regionaltypischer Rohschinken aus der Toskana mit Meersalz, Pfeffer, Knoblauch, Rosmarin, Nelken und/oder anderen Gewürzen aromatisiert die Gewürze werden auch in die schützende Schmalz-Schicht eingearbeitet besonders gut ist der Toscano aus Casentino, der zweimal mit Knoblauch aromatisiert wird und daher besonders aromatisch schmeckt

Prosciutto di Norcia	aus den Keulen besonders schwerer Schweine (Eichelmast!) hergestellter Rohschinken Keulen reifen mindestens 12 Monate und dürfen nach dem Trocknen nicht weniger als 8,5 kg wiegen ausschließlich mittelgrobes Salz, wenig Pfeffer und etwas Knoblauch
Prosciutto King's	vor etwa 100 Jahren in Vincenza (Venetien) erstmals produziert Herstellung nach der San-Daniele-Methode, jedoch mit spezieller Aromatisierung in England und teilweise auch in Österreich beliebt, in Italien sehr umstritten (nicht nach traditionellem Handwerk hergestellt)
Karst-Schinken (Pršut)	der edle Schinken aus Istrien und dem Karst wird in einem aufwendigen bäuerlichen Verfahren hergestellt Fleisch von mageren Schweinen, die sich fast ausschließlich von wilden Kräutern wie Rosmarin, Salbei, Thymian, Erika, Minze und Melisse ernähren, zugefüttert wird nur Rucola nach dem Salzen verbringt der Schinken 6 Monate unterm Dach, wo ihm die Bora seinen typischen Geschmack verleiht – dann kommt er in den Reifekeller sehr kräftig, kernig und robust im Geschmack, würziges Aroma
Dalmatinischer Schinken	guter Schinken aus Kroatien Herstellung nach der San-Daniele-Methode, aber mitunter etwas salzscharf wird oft mit dem wesentlich edleren Pršut verwechselt existiert auch als Räucherschinken
Serrano-Schinken (Jamón Serrano)	Serrano-Schinken oder Bergschinken, von *sierra* – Gebirge in zahlreichen Regionen Spaniens aus den Keulen weißer Schweine erzeugt (den besten Ruf genießt der Ort Trevélez) von mehr als 1.700 Erzeugern von Serrano-Schinken schlossen sich die 18 bedeutendsten 1990 zum Verband Consorcio del Jamón Serrano Español zusammen (die von ihnen erzeugten Produkte sind von gehobener Qualität und mit einem „S" gekennzeichnet)
Trevélez-Schinken (Jamón de Trevélez)	der wahrscheinlich beste Serrano-Schinken aus dem andalusischen Bergdorf Trevélez Keulen reifen nach dem Salzen an der frischen Bergluft mehr als 1.700 m über dem Meeresspiegel, wo fast das ganze Jahr über ein kühler Wind weht (die Spanier nennen das *a la ventilación de la nieve*, was so viel wie „schneebelüftet" bedeutet)
Ibérico-Schinken (Jamón Ibérico)	der berühmteste Schinken Spaniens – auch *pata negra* (wegen der schwarzen Klauen der Schweine) von schwarzen Schweinen aus den lichten Eichenwäldern des Dehesa (Stein- und Korkeichenwälder in der Extremadura) (Tiere werden im Alter von 14 bis 18 Monaten geschlachtet und wiegen maximal 180 kg) Reifezeit nach dem Salzen mindestens 14 Monate (gute Qualitäten 20 bis 24 Monate, sehr gute 30 Monate) auch Reifezeiten von bis zu 7 Jahren – solche edlen Schinken kosten dann bis zu 800,– Euro/kg und sind damit eine der teuersten Schinkenspezialitäten der Welt

Bellota	höchste Qualitätsstufe für Ibérico-Schinken Schweine müssen zu mindestens 75 % der Ibérico-Rasse entstammen und mindestens 40 % ihres Lebendgewichtes frei laufend und nur durch Eicheln und Kräuter zugelegt haben (im Sommer, wenn die Dehesa austrocknet, darf Getreide zugefüttert werden)
Recebo	Qualitätsbezeichnung für Schinken von Iberischen Schweinen, die während der Endmast zusätzlich mit Getreide gefüttert wurden (maximal 30 %)
Pienso	auch *cebo* oder *campo* genannt Schinken von Iberischen Schweinen, welche ausschließlich mit Getreide gefüttert wurden
Paleta	spanischer Rohschinken aus der Vorderkeule wird nur für Serrano-Schinken verwendet
Presunto de Barrancos	portugiesischer Rohschinken von extrem guter Qualität Schinkenkeulen sind durch das spezielle Herstellungsverfahren und die lange Reifezeit fast schwarz
Presunto de Chaves	luftgetrockneter Rohschinken aus Portugal vorwiegend kommerzielle Erzeugung
Vulcano-Schinken	knochengereifter Rohschinken aus dem Steirischen „Vulkanland" gehört zu den besten Vertretern seiner Art in unterschiedlichen Reifestadien angeboten mild-salziger Geschmack

Luftgetrocknete, leicht geräucherte Schinken
(zur Ausprägung des Geschmacks)

Prosciutto di Sauris	ein leicht geräucherter Rohschinken aus dem friulanischen Bergdorf Sauris (jeder Produzent hat sein eigenes Verfahren) kann mit Pfeffer und Bergkräutern aromatisiert sein
Prosciutto di Osvaldo	seltener, aber exquisiter Schinken aus Cormons (Friaul) der Produzent Osvaldo, der eigentlich einen *dolce* (Ausdruck für einen ungeräucherten Rohschinken, wie z. B. San-Daniele-Schinken) produziert, räuchert einige seiner Keulen zart, um ihnen ein subtiles Aroma zu verleihen: den „Prosciutto di Osvaldo" im Handel nicht erhältlich, kann aber auf Vorbestellung „ab Hof" bezogen oder in der regionalen Spitzengastronomie verkostet werden
Bayonne	Rohschinken (Jambon cru) aus Orthez im Südwesten Frankreichs nach dem Pökeln mit Rotwein, Rosmarin und Olivenöl wird der Schinken in Stroh gewickelt und geräuchert, bevor er an der Luft reifen darf

Aus unserem Programm

GERD WOLFGANG SIEVERS

Fleisch einkochen

leicht gemacht!

PRAXIS

stv

ISBN 978-3-7020-1781-1

Leopold Stocker Verlag

www.stocker-verlag.com